書

《蘇州全書》編纂出版委員會 編

·吳越春秋

·越絕書

蘇州全書

甲編

古吳軒出版社
蘇州大學出版社

圖書在版編目(CIP)數據

吴越春秋 / (漢) 趙曄撰 . 越絶書 / (漢) 袁康撰 .
蘇州 : 古吴軒出版社 : 蘇州大學出版社 , 2024. 12.
(蘇州全書). -- ISBN 978-7-5546-2464-7

Ⅰ. K225.04

中國國家版本館 CIP 數據核字第 2024GQ3211 號

責任編輯 魯林林
助理編輯 黄超群
裝幀設計 周　晨　李　璇
責任校對 戴玉婷
助理校對 周　磊

書　　名 吴越春秋　越絶書
撰　　者 〔漢〕趙曄　〔漢〕袁康
出版發行 古吴軒出版社
地址：蘇州市八達街118號蘇州新聞大厦30F　電話：0512-65233679
蘇州大學出版社
地址：蘇州市十梓街1號　電話：0512-67480030
印　　刷 常州市金壇古籍印刷廠有限公司
開　　本 889 × 1194　1/16
印　　張 38.75
版　　次 2024 年 12 月第 1 版
印　　次 2024 年 12 月第 1 次印刷
書　　號 ISBN 978-7-5546-2464-7
定　　價 280.00 元

《蘇州全書》編纂工程

總主編

劉小濤　吳慶文

學術顧問

（按姓名筆畫爲序）

王　芳　王　宏　王　堯　王　鍔　王紅蕾　王華寶　王爲松　王衛平
王餘光　王鍾陵　朱棟霖　朱誠如　任　平　全　勤　江慶柏　江澄波
汝　信　阮儀三　杜澤遜　李　捷　吳　格　吳永發　何建明　言恭達
沈坤榮　沈燮元　武秀成　范小青　范金民　茅家琦　周　秦　周少川
周國林　周勛初　周新國　胡可先　胡曉明　姜　濤　姜小青　韋　力
姚伯岳　馬亞中　袁行霈　華人德　莫礪鋒　徐　俊　徐　海　徐　雁
徐惠泉　徐興無　唐力行　陸振嶽　陸儉明　陳子善　陳正宏　陳尚君
陳紅彥　陳廣宏　黃愛平　黃顯功　崔之清　張乃格　張志清　張伯偉
張海鵬　葉繼元　葛劍雄　單霽翔　程章燦　程毅中　喬治忠　鄔書林
賀雲翱　詹福瑞　趙生群　廖可斌　熊月之　樊和平　劉　石　劉躍進
閻曉宏　錢小萍　戴　逸　韓天衡　嚴佐之　顧　薌

《蘇州全書》編纂出版委員會

前言

中華文明源遠流長，文獻典籍浩如烟海。這些世代累積傳承的文獻典籍，是中華民族生生不息的文脉和根基。蘇州作爲首批國家歷史文化名城，素有『人間天堂』之美譽。自古以來，這裏的人民憑藉勤勞和才智，創造了極爲豐厚的物質財富和精神文化財富，使蘇州不僅成爲令人嚮往的『魚米之鄉』，更是實至名歸的『文獻之邦』，爲中華文明的傳承和發展作出了重要貢獻。

蘇州被稱爲『文獻之邦』由來已久，早在南宋時期，就有『吳門文獻之邦』的記載。宋代朱熹云：『文，典籍也；獻，賢也。』蘇州文獻之邦的地位，是歷代先賢積學修養、劬勤著述的結果。明人歸有光《送王汝康會試序》云：『吳爲人材淵藪，文字之盛，甲於天下。』朱希周《長洲縣重修儒學記》亦云：『吳中素稱文獻之邦，蓋子游之遺風在焉，士之嚮學，固其所也。』《江蘇藝文志·蘇州卷》收録自先秦至民國蘇州作者一萬餘人，著述達三萬二千餘種，均占江蘇全省三分之一强。古往今來，蘇州曾引來無數文人墨客駐足流連，留下了大量與蘇州相關的文獻。時至今日，蘇州仍有約百萬册的古籍留存，入選『國家珍貴古籍名録』的善本已達三百一十九種，位居全國同類城市前列。其中的蘇州鄉邦文獻，歷宋元明清，涵經史子集，寫本刻本，交相輝映。此外，散見於海内外公私藏家的蘇州文獻更是不可勝數。它們載録了數千年傳統文化的精華，也見證了蘇州曾經作爲中國文化中心城市的輝煌。

蘇州文獻之盛得益於崇文重教的社會風尚。春秋時代，常熟人言偃就北上問學，成爲孔子唯一的南方弟子。歸來之後，言偃講學授道，文開吳會，道啓東南，被後人尊爲『南方夫子』。西漢時期，蘇州人朱買臣負薪讀書，穹窿山中至今留有其『讀書臺』遺迹。兩晉六朝，以『顧陸朱張』爲代表的吳郡四姓涌現出大批文士，在不少學科領域都貢獻卓著。及至隋唐，蘇州大儒輩出，《隋書·儒林傳》十四人入傳，其中籍貫吳郡者二人；《舊唐書·儒學傳》三十四人入正傳，其中籍貫吳郡（蘇州）者五人。文風之盛可見一斑。北宋時期，范仲淹在家鄉蘇州首創州學，並延名師胡瑗等人教授生徒，此後縣學、書院、社學、義學等不斷興建，蘇州文化教育日益發展。故明人徐有貞云：『論者謂吾蘇也，郡甲天下之郡，學甲天下之學，人才甲天下之人才，偉哉！』在科舉考試方面，蘇州以鼎甲萃集爲世人矚目，清初汪琬曾自豪地將狀元稱爲蘇州的土産之一，有清一代蘇州狀元多達二十六位，占全國的近四分之一，由此而被譽爲『狀元之鄉』。近現代以來，蘇州在全國較早開辦新學，發展現代教育，涌現出顧頡剛、葉聖陶、費孝通等一批大師巨匠。中華人民共和國成立後，社會主義文化教育事業蓬勃發展，蘇州英才輩出、人文昌盛，文獻著述之富更勝於前。

蘇州文獻之盛受益於藏書文化的發達。蘇州藏書之風舉世聞名，千百年來盛行不衰，具有傳承歷史長、收藏品質高、學術貢獻大的特點，無論是卷帙浩繁的圖書還是各具特色的藏書樓，以及延綿不絶的藏書傳統，都成爲中華文化重要的組成部分。據統計，蘇州歷代藏書家的總數，高居全國城市之首。南朝時期，蘇州就出現了藏書家陸澄，藏書多達萬餘卷。明清兩代，蘇州藏書鼎盛，絳雲樓、汲古閣、傳是樓、百宋一廛、藝芸書舍、鐵琴銅劍樓、過雲樓等藏書樓譽滿海内外，彙聚了大量的珍貴文獻，對古代典籍的收藏保護厥功至偉，亦於文獻校勘、整理裨益甚巨。《舊唐書》自宋至明四百多年間已難以考覓，直至明嘉靖十七年（一五三八），聞人詮在蘇州爲官，搜討舊籍，方從吳縣王延喆家得《舊唐書》『紀』和『志』部分，從長洲張汴家得《舊唐書》『列傳』部分，『遺籍俱出宋時模板，旬月之間，二美璧合』，于是在蘇州府學中槧刊，《舊唐書》自此得以彙而成帙，復行於世。清代嘉道年間，蘇州黄丕烈和顧廣圻均爲當時藏書名家，且善校書，『黄跋顧校』在中國文獻史上影響深遠。

蘇州文獻之盛也獲益於刻書業的繁榮。蘇州是我國刻書業的發祥地之一，早在宋代，蘇州的刻書業已經發展到了相當高的水平，至今流傳的杜甫、李白、韋應物等文學大家的詩文集均以宋代蘇州官刻本爲祖本。宋元之際，蘇州磧砂延聖院還主持刊刻了中國佛教史上著名的《磧砂藏》。明清時期，蘇州成爲全國的刻書中心，所刻典籍以精善享譽四海，明人胡應麟有言：『凡刻之地有三，吴也、越也、閩也。』他認爲『其精，吴爲最』，『其直重，吴爲最』。又云：『余所見當今刻本，蘇常爲上，金陵次之，杭又次之。』清人金埴論及刻書，仍以胡氏所言三地爲主，則謂『吴門爲上，西泠次之，白門爲下』。明代私家刻書最多的汲古閣、清代坊間刻書最多的掃葉山房均爲蘇州人創辦，晚清時期頗有影響的江蘇官書局也設於蘇州。據清人朱彝尊記述，汲古閣主人毛晉『力搜秘册，經史而外，百家九流，下至傳奇小説，廣爲鏤版，由是毛氏鋟本走天下』。由於書坊衆多，蘇州還産生了書坊業的行會組織崇德公所。明清時期，蘇州刻書數量龐大，品質最優，裝幀最爲精良，爲世所公認，國内其他地區不少刊本也都冠以『姑蘇原本』，其傳播遠及海外。

蘇州傳世文獻既積澱着深厚的歷史文化底蘊，又具有穿越時空的永恒魅力。從范仲淹的『先天下之憂而憂，後天下之樂而樂』，到顧炎武的『天下興亡，匹夫有責』，這種胸懷天下的家國情懷，早已成爲中華民族精神的重要組成部分，傳世留芳，激勵後人。南朝顧野王的《玉篇》，隋唐陸德明的《經典釋文》、陸淳的《春秋集傳纂例》等均以實證明辨著稱，對後世影響深遠。明清時期，馮夢龍的《喻世明言》《警世通言》《醒世恒言》，在中國文學史上掀起市民文學的熱潮，具有開創之功。吴有性的《温疫論》、葉桂的《温熱論》，開温病學研究之先河。蘇州文獻中蘊含的求真求實的嚴謹學風、勇開風氣之先的創新精神，已經成爲一種文化基因，融入了蘇州城市的血脉。不少蘇州文獻仍具有鮮明的現實意義。明代費信的《星槎勝覽》，是記載歷史上中國和海上絲綢之路相關國家交往的重要文獻。鄭若曾的《籌海圖編》和徐葆光的《中山傳信録》，爲釣魚島及其附屬島嶼屬於中國固有領土提供了有力證據。魏良輔的《南詞引正》、嚴澂的《松絃館琴譜》、計成的《園冶》，分別是崑曲、古琴及園林營造的標志性成果，這些藝術形式如今得以名列世界文化遺産，與上述名著的嘉惠滋養密不可分。

維桑與梓，必恭敬止；文獻流傳，後生之責。蘇州先賢向有重視鄉邦文獻整理保護的傳統。方志編修方面，范成大《吴郡志》爲方志創體，其後名志迭出，蘇州府縣志、鄉鎮志、山水志、寺觀志、人物志等數量龐大，構成相對完備的志書系統。地方總集方面，南宋鄭虎臣輯《吴都文粹》、明錢穀輯《吴都文粹續集》、清顧沅輯《吴郡文編》先後相繼，收羅宏富，皇皇可觀。常熟、太倉、崑山、吴江諸邑，周莊、支塘、木瀆、甪直、沙溪、平望、盛澤等鎮，均有地方總集之編。及至近現代，丁祖蔭彙輯《虞山叢刻》《虞陽説苑》，柳亞子等組織『吴江文獻保存會』，爲搜集鄉邦文獻不遺餘力。江蘇省立蘇州圖書館於一九三七年二月舉行的『吴中文獻展覽會』規模空前，展品達四千多件，並彙編出版吴中文獻叢書。然而，由於時代滄桑，圖書保藏不易，蘇州鄉邦文獻中『有目無書』者不在少數。同時，囿於多重因素，蘇州尚未開展過整體性、系統性的文獻整理編纂工作，許多文獻典籍仍處於塵封或散落狀態，没有得到應有的保護與利用，不免令人引以爲憾。

進入新時代，黨和國家大力推動中華優秀傳統文化的創造性轉化和創新性發展。習近平總書記强調，要讓收藏在博物館裏的文物、陳列在廣闊大地上的遺産、書寫在古籍裏的文字都活起來。二〇二二年四月，中共中央辦公廳、國務院辦公廳印發《關於推進新時代古籍工作的意見》，確定了新時代古籍工作的目標方向和主要任務，其中明確要求『加强傳世文獻系統性整理出版』。盛世修典，賡續文脉，蘇州文獻典籍整理編纂正逢其時。二〇二二年七月，中共蘇州市委、蘇州市人民政府作出編纂《蘇州全書》的重大决策，擬通過持續不斷努力，全面系統整理蘇州傳世典籍，着力開拓研究江南歷史文化，編纂出版大型文獻叢書，同步建設全文數據庫及共享平臺，將其打造爲彰顯蘇州優秀傳統文化精神的新陣地，傳承蘇州文明的新標識，展示蘇州形象的新窗口。

『睹喬木而思故家，考文獻而愛舊邦。』編纂出版《蘇州全書》，是蘇州前所未有的大規模文獻整理工程，是不負先賢、澤惠後世的文化盛事。希望藉此系統保存蘇州歷史記憶，讓散落在海内外的蘇州文獻得到挖掘利用，讓珍稀典籍化身千百，成爲認識和瞭解蘇州發展變遷的津梁，並使其中藴含的積極精神得到傳承弘揚。

觀照歷史，明鑒未來。我們沿着來自歷史的川流，承荷各方的期待，自應負起使命，砥礪前行，至誠奉獻，讓文化薪火代代相傳，並在守正創新中發揚光大，爲推進文化自信自强、豐富中國式現代化文化内涵貢獻蘇州力量。

《蘇州全書》編纂出版委員會

二〇二二年十二月

凡例

一、《蘇州全書》（以下簡稱『全書』）旨在全面系統收集整理和保護利用蘇州地方文獻典籍，傳播弘揚蘇州歷史文化，推動中華優秀傳統文化傳承發展。

二、全書收録文獻地域範圍依據蘇州市現有行政區劃，包含蘇州市各區及張家港市、常熟市、太倉市、崑山市。

三、全書着重收録歷代蘇州籍作者的代表性著述，同時適當收録流寓蘇州的人物著述，以及其他以蘇州爲研究對象的專門著述。

四、全書按收録文獻内容分甲、乙、丙三編。每編酌分細類，按類編排。

（一）甲編收録一九一一年及以前的著述。一九一二年至一九四九年間具有傳統裝幀形式的文獻，亦收入此編。按經、史、子、集四部分類編排。

（二）乙編收録一九一二年至二〇二一年間的著述。按哲學社會科學、自然科學、綜合三類編排。

（三）丙編收録就蘇州特定選題而研究編著的原創書籍。按專題研究、文獻輯編、書目整理三類編排。

五、全書出版形式分影印、排印兩種。甲編書籍全部采用繁體竪排；乙編影印類書籍，字體版式與原書一致；乙編排印類書籍和丙編書籍，均采用簡體横排。

六、全書影印文獻每種均撰寫提要或出版説明一篇，介紹作者生平、文獻内容、版本源流、文獻價值等情況。影印底本原有批校、題跋、印鑒等，均予保留。底本有漫漶不清或缺頁者，酌情予以配補。

七、全書所收文獻根據篇幅編排分册，篇幅適中者單獨成册，篇幅較大者分爲序號相連的若干册，篇幅較小者按類型相近原則數種合編一册。數種文獻合編一册以及一種文獻分成若干册的，頁碼均連排。各册按所在各編下屬細類及全書編目順序編排序號。

據中國國家圖書館藏明刻本影印。

吳越春秋

〔漢〕趙曄 撰

提要

《吳越春秋》十卷，漢趙曄撰。

趙曄，字長君，漢會稽山陰人。少爲縣吏，恥於廝役，至犍爲資中，從經學大師杜撫傳習《韓詩》二十年，卒業乃歸。州召補從事，不就。《後漢書》有傳。著有《韓詩譜》等，均已佚。今僅存《吳越春秋》一種。

《隋書·經籍志》云《吳越春秋》十二卷，宋晁公武《郡齋讀書志》亦云十二卷。《崇文總目》《宋史·藝文志》均著録爲十卷。今見十卷者，依次爲吳太伯傳、吳王壽夢傳、王僚使公子光傳、闔閭内傳、夫差内傳、越王無余外傳、勾踐入臣外傳、勾踐歸國外傳、勾踐陰謀外傳、勾踐伐吳外傳。歷述吳越興亡史事，尤以春秋末吳越争霸史事著墨最多。所涉編年紀事，多據《國語》《左傳》《史記》等史籍，又采摭外史，有附會成説者，體近漢晉間稗官雜記。該書出於東漢，其時去古未遠，趙曄又爲山陰人，故徐天祜序謂『視他書所紀二國事爲詳』。所載吳越兩國生産發展、城郭建築、水道開鑿、交通設施等狀況，頗具史料價值。另如吳兵破楚入郢之役、孫武爲吳軍主將等記載，亦可補史書之不足。其行文駢散間出，叙事完整，人物生動，《四庫全書總目》稱其『所述雖稍傷曼衍，而詞頗豐蔚』。

《吳越春秋》所知最早刻本，爲宋嘉定十七年（一二二四）汪綱刻本，惜已亡佚。現存刻本以元大德十年（一三〇六）所刊爲最早，所據即宋嘉定刻本，有宋文林郎、國子監書庫官徐天祜序及音注。明刻本仍之，並增徐氏補注。徐氏音注著意比照古史，考訂異同，刊正疑訛，於原書糾正頗多。《四庫全書總目》評其『猶有劉孝標注《世説新語》之遺意焉』。清人顧廣圻曾據影宋鈔本校明刻本，並過録《初學記》《藝文類聚》《太平御覽》等所徵引異文及宋汪綱跋語。

本次影印以中國國家圖書館藏明刻本爲底本，原書框高十九厘米，廣十三・七厘米。此本曾經顧廣圻校以影宋鈔本，有朱、黄、墨三色校記，末有顧氏手書跋語，鈐『顧澗蘋手校』『顧千里印』『一雲散人』『鐵琴銅劍樓』等印。

吳越春

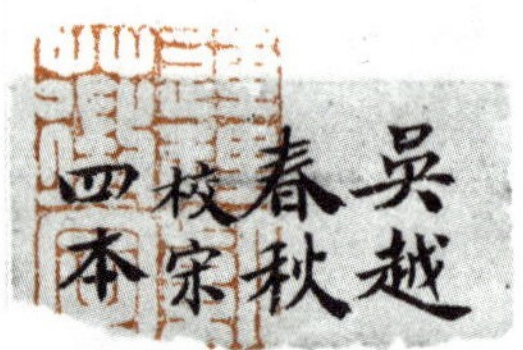

藝文八十　吴越春秋曰季子札去徐而歸行道逢男子五月被裘採薪於道旁有遺金問之曰五月被裘採薪寧是拾金者乎

又八十二　吴越春秋曰延陵季子出遊于齊見路有遺金有被裘採薪者季子呼採薪者取彼地金採薪者曰吾當夏五月被裘而薪豈取金者哉

吳越春秋序

吳越古稱東南僻遠之邦然當其盛彊往往抗衡上國黄池之會夫差欲尊天子自去其僭號稱子以告令諸侯及越既有吳句踐大盟四國以共輔王室要其志皆歸於尊周其知所天矣孔子作春秋雖小國猶錄而書之而况以世言則禹稷之裔以地言則會稽具區其川其浸周職方氏列爲九州之首皆足以望天下故記可闕而不傳乎吳越春秋趙

史記吳世家徐廣曰世本曰夷昧生光吳越春秋曰王僚夷昧子与史記同索隱云按系本無此語

楊升菴謂此[illegible]吳越春秋也徐天祜說甚

曄所著隋唐經籍志皆云十二卷今存者十卷殆非全書二志又云楊方撰吳越春秋削繁（唐志作頌）五卷皇甫遵撰吳越春秋傳十卷（隋志鈇傳字）此二書今人罕見獨曄書行於世曄傳在儒林中觀其所作乃不類漢文按邯鄲李氏圖書十志目亦謂楊方嘗刋削曄所爲書至皇甫遵遂合二家考正爲之傳註又按史記註有徐廣所引吳越春秋語而索隱以爲今無此語者他如文選註引季子見遺金事

吳地記載闔廬時夷亭事及水經註嘗載越事數條類皆援據吳越春秋今曄本咸無其文亦無所謂傳註豈楊方所已刋削而皇甫所未考正者耶曄書晁先出東都時去古未甚遠曄又山陰人故綜述視他書所紀二國事爲詳取節焉可也其言上稽天時下測物變明微推遠憭若著蔡至於盛衰成敗之迹則彼已君臣反覆上下其論議種蠡諸大夫之謀迭用則霸子胥之諫一不聽則亡皆鑿

鑿然可以勸戒萬世豈獨爲是邪二千年故實哉辟書越舊嘗鋟梓歲久不復存汴梁劉侯來治越獎勵學校蒐遺文修墜典乃輟羨田廪羨財重刻于學不鄙謏聞屬以考訂且命序其左端夫越人宜知越之故則是舉也於所闕不爲無補遂不得辭厥既刊正疑訛過不自量復爲之音註併考其與傳記同異者附見于下而互存之惜其間文義猶有滯礙不可訓知不敢盡用臆見更定又無皇甫

本可證姑從其舊以俟後之君子考焉。侯名克昌，世大其字云。郡人前進士徐天祜受之序

序終

吳越春秋目録

卷第一

吳太伯傳

元本太伯傳作吳王太伯傳太伯三以天下讓宜王而不王者也吳之後君又未嘗追王之尊之曰王名不與實稱也今去王字以從其實

卷第二

吳王壽夢傳

卷第三

王僚使公子光傳

元本不曰吳王僚傳而曰王僚使公子光傳蓋謂使之伐楚耳光即闔閭既自有傳此云使公子光贅也今姑從其舊

卷第四

闔閭内傳

卷第五

夫差内傳

元本闔閭夫差傳皆曰内傳下卷無余勾踐傳皆曰外傳内吳而外越何也光曄又越人乎若以吳爲内則太伯壽夢王僚三傳不曰内

而闔閭夫差二傳獨曰內又何也今不敢輒去內外二字姑存之

卷第六

越王無余外傳

卷第七

勾踐入臣外傳

元本越王勾踐入臣獨無外傳字今補其闕姑從越諸傳亦作外傳云

卷第八

勾踐歸國外傳

卷第九

勾踐陰謀外傳

元本勾踐入臣歸國伐吳諸傳皆書名獨陰謀傳書越王而不名不知何義今於陰謀傳去越王二字而書勾踐從諸例也

卷第十

勾踐伐吳外傳

吳越春秋目錄

徐氏補註

第一卷

勾吳

前註已引漢地理志顏師古註又按史記註勾吳大吳也索隱亦引師古註謂當如顏解但師古云勾吳猶越爲干越也索隱乃以干越爲於越干與於皆語之發聲耳淮南子註勾吳吳人語不正言吳而加以勾世本註句吳太伯始所居地名史記正義曰十九世壽夢始號勾吳與史記所載太伯時已號勾吳不同疑正義誤

壽夢

已見前註又按史記索隱云系本曰吳孰姑徙句吳宋忠曰孰姑壽夢也壽孰音相近姑之言諸也毛詩傳舊讀月諸爲姑是以姑爲諸孰姑壽夢一人耳又名乘

第四卷

陸門八以象天八風水門八以法地八聰

吳郡志引此書以爲陸門八以象天八風水門八以法地八卦吳郡圖經續記八聰亦作八卦爲是吳都賦郛郭周帀重城結隅通門二八水道陸[illegible]

鄭定公大懼乃令國中

前註已正其誤按史年表鄭定公十一年書楚建作亂殺之是爲楚平王十年其後吳破楚入郢乃昭王十年蓋鄭獻公八年非定公時也

申包胥

史楚世家亦作申鮑胥註服虔曰楚大夫王孫包胥劉伯莊曰包字亦作鮑史記正義包胥姓公孫封於申故曰申包胥戰國策以爲棼冒勃蘇

秦桓公素沉湎

前註已正其誤按史年表秦哀公三十一年書楚包胥請救是爲楚昭王十年楚十一年書秦救至即哀公三十二年也據此則請救在三十一年秦師至楚乃三十二年非桓公時也

嚴王何罪國幾絕

嚴字義不通今詳當是莊王謂前王何罪幾至絕國按嚴本出芊姓其先即楚莊王支孫以謚爲莊姓者也知前漢莊忌忌子助後漢莊光皆避明帝諱改姓嚴此以莊爲嚴亦避諱追改也

第五卷

入五湖之中

徐氏補註

巳詳見前註又按張勃吳録云五湖者太湖之别名以其周行五百里故以五湖爲名又楊泉五湖賦止爲太湖而作陸龜蒙云太湖上禀咸池五車之氣故一水五名今併存之

帶劍挺鈹

鈹字或作鉟方言鋏謂之鈹或曰劍如刀裝者前漢功臣表周竈以長鈹擊項籍顔師古註長刃兵爲刀而劍形史記作長鈹鈹鉟同

吳越春秋吳太伯傳第一

後漢　趙曄　撰

吳之前君太伯者（論語作泰伯）后稷之苗裔也后稷其母台氏之女姜嫄（韓詩章句姜姓嫄字說文郃炎帝之後姜姓封郃國晉語曰黃帝以姬水成炎帝以姜水成故黃帝爲姬炎帝爲姜是姜者炎帝之姓史記嫄作原台作郃郃國在京兆武功縣所治斄城漢地理志作斄與郃同）爲帝嚳元妃年少未孕出游於野見大人跡而觀之中心歡然喜其形像因履而踐之身動意若爲人所感後妊娠恐被淫泆之禍遂祭祀

以求謂無子履上帝之跡詩生民篇所謂履帝武是也天
猶令有之姜嫄怪而棄于阨狹之巷牛馬過
者折折疑當作辟易而避之詩云誕置之隘巷牛羊腓字之復棄
于林中適會伐木之人多詩云誕置之平林會伐平林復
置于澤中冰上衆鳥以羽覆之詩云誕置之寒冰鳥覆翼之
后稷遂得不死姜嫄以爲神收而養之長
因名棄爲兒時好種樹樹亦種也禾黍桑麻五穀
相去聲五土之宜青赤黄黑陵陸地水高下粢稷
黍禾蕖麥豆稻各得其理堯遭洪水人民泛

溢遂遂疑當作逐高而居堯聘棄使教民山居隨
地造區姸窮也營種之術三年餘行人無飢乏
之色乃拜棄爲農師封之台號爲后稷姓姬
氏后稷就國爲諸侯卒子不窋立帝王世紀后稷納姞氏生不窋括地志曰不窋故城在慶州弘化縣南三里遭夏氏世衰失
官奔戎狄之間其孫公劉周本紀不窋卒子鞠立鞠卒子公劉立公劉慈仁行不履生草運車以避葭葦公
劉避夏桀於戎狄變易風俗民化其政公劉
卒子慶節立其後八世而得古公亶甫慶節子皇

僕皇僕子茬弗茬弗子毀隃世本隃作揄毀
隃子公非公非子高圉高圉子亞圉世本作
亞圉雲都皇甫謐曰雲都亞圉字亞圉子公
叔祖類公叔祖類子古公亶甫毛詩史記甫
皆作父甫父通自
慶節至是爲八世脩公劉后稷之業積德行
義爲狄人所慕薰鬻戎姤而伐之薰鬻孟子
作獯鬻史
記作薰育漢匈奴
傳作葷粥音同古公事之以犬馬牛羊其
伐不止事以皮幣金玉重寶而亦伐之不止
古公問何所欲曰欲其土地古公曰君子不
以養害害所養孟子曰君子不以其
所以養人者害人國所以
亡也而爲身害吾所不居也古公乃杖策去

邠踰梁山而處岐周徐廣曰新平漆縣東北有豳亭杜預云豳在新平漆縣東北索隱曰豳即邠也又徐廣曰岐山在扶風美陽西北其南有周原顏師古曰梁山在夏陽岐山在美陽即今岐州岐山縣箭括嶺也曰彼君與我何異邠人父子兄弟相帥負老攜幼揭釜甑而歸古公居三月成城郭一年成邑二年成都而民五倍其初古公三子長曰太伯次曰仲雍雍一名吳仲史記作虞仲少曰季歷太姜生少子季歷即王季也季歷娶妻太任氏音泰壬詩大明篇摯仲氏任毛氏箋摯國任姓仲中女也史記作太任列女傳太任摯任氏之中女生子昌昌有聖

瑞尚書緯帝命驗曰季秋之月甲子赤爵銜丹書入于酆止于昌戶其書云云此盖聖瑞丹書文多不載古公知昌聖欲傳國以及昌曰興王業者其在昌乎因更名曰季歷太伯仲雍望風知指曰歷者適也知古公欲以國及昌古公病二人託名採藥於衡山南岳遂之荆蠻斷髮文身爲夷狄之服示不可用古公卒太伯仲雍歸赴喪畢還荆蠻國民君而事之自號爲勾吳漢地理志太伯奔荆蠻號曰勾吳顔師古註夷俗語發聲猶越爲于越也吳人或問何像像疑當作據而爲勾吳太伯曰

吾以伯長居國絕嗣者也其當有封者吳仲也故自號勾吳非其方乎荊蠻義之從而歸之者千有餘家共立以爲勾吳數年之閒民人殷富遭殷之末世衰中國侯王數用兵恐及於荊蠻故太伯起城周三里二百步外郭三百餘里在西北隅名曰故吳（太伯所都謂之吳城在梅里平墟今無錫縣境）人民皆耕田其中古公病將卒令季歷讓國於太伯而三讓不受故云太伯三以天下讓於是季歷蒞政脩先王之業守仁

義之道季歷卒子昌立號曰西伯按孔叢子羊容問子思曰周自后稷封爲王者之後至太王王季文王此爲諸侯奚得爲西伯乎子思曰吾聞諸子夏曰殷帝乙之時王季以九命作伯於西受圭瓚秬鬯之賜故文王因之得專征伐此諸侯爲伯猶召公分陝謂之召伯也遵公劉古公之術業於養老天下歸之西伯致太平伯夷自海濱而往西伯卒太子發立發武王名任周召周公旦召公奭而伐殷天下已安乃稱王追謚古公爲太王追封太伯於吳太伯祖卒葬於梅里平墟即太伯故城之地劉昭云無錫縣東皇山有太伯冢去墓十里有舊宅其井猶存皇覽云太伯墓在

吳縣北梅里聚二說不同此云平墟當以劉說爲正仲雍立是爲吳仲雍仲雍卒子季簡簡子叔達達子周章章子熊熊子遂遂子柯相相子彊鳩夷夷子餘喬疑吾吾子柯盧盧子周繇繇子屈羽羽子夷吾吾子禽處處子專專子頗高高子句畢立史記世家熊子遂作熊遂喬作橋盧作盧專作轉譙周古史考作柯轉畢作畢是時晉獻公滅周北虞虞公以開晉之伐虢氏畢子去齊齊子壽夢立夢左傳莫公切史記正義同而吳益彊稱王凡從太伯至壽夢之世與中國時通

朝會而國斯霸焉

吳越春秋吳太伯傳第一

吳越春秋吳王壽夢傳第二

壽夢元年（史記索隱曰自壽夢已下始有其年）朝周適楚觀諸侯禮樂魯成公會於鍾離（鍾離之會吳始與中國接事見春秋魯成公十五年以史記年表考之是爲壽夢十五年此以爲元年何也鍾離古塗山氏之國漢置鍾離縣屬九江今屬濠州）深問周公禮樂成公悉爲陳前王之禮樂因爲詠歌三代之風壽夢曰孤在夷蠻徒以椎髻爲俗豈有斯之服哉因歎而去曰於乎哉禮也

二年楚之亡大夫申公巫臣（子靈也）適吳以爲

行人教吳射御導之伐楚（見左傳成公七年　按巫臣怨楚子反而奔晉自晉請使吳教吳用兵叛楚使其子狐庸爲吳行人非巫臣爲行人也行人掌國賓客之禮籍以待四方之使）楚莊王怒使子反將（去聲）敗吳師二國從斯結讐於是吳始通中國而與諸侯爲敵（蠻夷屬楚者吳盡取之始大通吳於上國）

五年伐楚敗子反

十六年楚恭（左傳作共）王怨吳爲巫臣伐之也乃舉兵伐吳至衡山而還（見左傳襄公三年楚克鳩茲至于衡山杜預曰衡山在吳興烏程縣南楚歸三日吳人伐楚取駕此不書）

十七年壽夢以巫臣子狐庸爲相任以國政二十五年壽夢病將卒有子四人長曰諸樊次曰餘祭（祭側界切）次曰餘眛（眛莫葛切）次曰季札季札賢壽夢欲立之季札讓曰禮有舊制奈何廢前王之禮而行父子之私乎壽夢乃命諸樊曰我欲傳國及札爾無忘寡人之言諸樊曰周之太王知西伯之聖廢長立少王之道興今欲授國於札臣誠耕於野王曰昔周行之德加於四海今汝於區區之國荆蠻之鄉

奚能成天子之業乎且今子不忘前人之言必授國以次及于季札諸樊曰敢不如命壽夢卒見春秋襄公十二年秋九月吳子乘卒左傳書壽夢卒杜預曰壽夢吳子之號諸樊以適適通作嫡正出也長攝行事當國政

吳王諸樊元年史記年表吳諸樊元年爲魯襄公十三年諸樊在位十三年卒是爲襄公二十五年此書止載元年事餘皆不書巳除喪讓季札曰昔前王未薨之時嘗晨昧不安吾望其色也意在於季札又復三朝悲吟而命我曰吾知公子札之賢欲廢長立少重發言於口雖

然我心已許之，然前王不忍行其私計，以國付我，我敢不從命乎？今國者，子之國也，吾願達前王之義。季札謝曰：夫適（嫡）長當國，非前王之私，乃宗廟社稷之制，豈可變乎？諸樊曰：苟可施於國，何先王之命有（句）太王改爲季歷，二伯來入荊蠻，遂城爲國，周道就成，前人誦之不絶於口，而子之所習也。札復謝曰：昔曹公卒（宣公），廢存適亡（嫡亡者公子負芻殺太子而自立是爲成公），諸侯與曹人不義而立於國，子臧（公子欣時也與負芻）

皆宣公庶子聞之行吟而歸曹君懼將立子臧子
臧去之以成曹之道見左傳魯成公十五年諸侯將見子臧於王而立之遂逃奔宋明年及自宋盡致其邑與卿而不出札雖不才願附子
臧之義吾誠避之吳人固立季札季札不受
而耕於野吳人舍上聲之諸樊驕恣輕慢鬼神
仰天求死將死命弟餘祭曰必以國及季札
乃封季札於延陵號曰延陵季子延陵季札之采邑也漢改延陵爲毗陵縣晉爲毗陵郡又爲晉陵郡今常州也
餘祭十二年楚靈王會諸侯伐吳圍朱方誅

慶封慶封數爲吳伺祭（祭當作察）故晉楚伐之也

吳王餘祭怒曰慶封窮來奔吳封之朱方（左傳襄公二十八年慶封奔吳吳句餘予之朱方杜預云句餘吳子夷昧也索隱曰餘祭以二十九年卒則二十八年賜慶封邑不得是夷昧但句餘或別是一人今按春秋於明年書閽弑吳子餘祭又一年表餘祭四年守閽殺餘祭則句餘非別爲一人矣世家年表皆在餘祭三年即襄公二十八年也年表既云餘祭四年卒此乃書十二年何也十二十三年皆當刪十字十七年亦改從四年可也朱方吳邑秦改丹徒今屬鎮江）以效不恨士也即舉兵伐楚取二邑而去

十三年楚怨吳爲慶封故伐之心恨不解伐

吳至乾谿（在譙國城父縣南楚東境）吳擊之楚師敗走
十七年餘祭卒餘昧立四年卒欲授位季札
季札讓逃去曰吾不受位明矣昔前君有命
已附子臧之義潔身清行仰高履尚惟仁是
處富貴之於我如秋風之過耳遂逃歸延陵
吳人立餘昧子州于號爲吳王僚也

吳越春秋吳王壽夢傳第二

吳越春秋王僚使公子光傳第三

二年王僚使公子光伐楚見左傳昭公十七年光諸樊子闔廬也以報前來誅慶封也吳師敗而亡舟舟名餘皇爲楚所獲亦曰餘艎光懼因捨復得王舟而還捨字不通疑當作揜蓋揜其不備取之以歸光欲謀殺王僚未有所與合議陰求賢乃命善相者爲吳市吏

五年楚之亡臣伍子胥來奔吳見左傳昭公二十年伍子胥者楚人也名員音云員父奢兄尚其前名曰伍舉前名當作前人舉即奢之父員之祖以直諫事楚莊王

王即位三年不聽國政沉湎於酒淫於聲色左手擁秦姬右手抱越女身坐鐘鼓之間而令曰有敢諫者死於是伍舉進諫曰有一大鳥集楚國之庭三年不飛亦不鳴此何鳥也於是莊王曰此鳥不飛飛則冲天不鳴鳴則驚人伍舉曰不飛不鳴將爲射者所圖絃矢卒（音猝忽遽貌倉卒也）發豈得冲天而驚人乎於是莊王棄其秦姬越女罷鐘鼓之樂用孫叔敖任以國政（史記曰任伍舉蘇從以政國人大說）遂霸天下威伏諸

侯莊王卒，靈王立，建章華之臺杜預曰：南郡華容縣有臺在城內。與登焉。王曰：「臺美。」伍舉曰：「臣聞國君服寵以爲美，安民以爲樂，克聽以爲聰，致遠以爲明。不聞以土木之崇高、蟲鏤之刻畫、金石之清音、絲竹之淒唳以之爲美。前莊王爲抱居之臺，高不過望國氛祲氣也，大不過容宴豆，木不妨守備不妨城郭守備之材，用不煩官府，民不敗時務，官不易朝常。今君爲此臺七年，國人怨焉，財用盡焉，年穀敗焉，百姓煩焉，諸侯忿怨卿士訕謗豈前王之所盛人君之美者耶臣誠愚不知所謂也靈王即除工去飾不遊於臺由是伍氏三世爲楚忠臣楚平王有太子名建平王以伍奢爲太子太傅費無忌（左傳作無極史記亦作無忌）爲少傅平王使無忌爲太子娶於秦秦女美容無忌報平王曰秦女天下無雙王可自取王遂納秦女爲夫人而幸愛之生子珍而更爲太子娶齊女無忌因去太子而事平王深念平王一旦卒而太子立當害已

也乃復讒太子建建母蔡氏無寵乃使太子守城父（服虔曰城父楚北境邑杜預曰襄城城父縣）備邊兵頃之無忌日夜言太子之短曰太子以秦女之故不能無怨望之心願王自備太子居城父將兵外交諸侯將入爲亂平王乃召伍奢而按問之奢知無忌之讒因諫之曰王獨奈何以讒賊小臣而踈骨肉乎無忌承宴復言曰王今不制其事成矣王且見擒平王大怒因囚伍奢而使城父司馬奮揚往殺太子奮揚使

人前告太子急去不然將誅三月太子奔宋無忌復言平王曰伍奢有二子皆賢不誅且爲楚憂可以其父爲質而召之王使使謂奢曰能致二子則生不然則死伍奢曰臣有二子長曰尚少曰胥尚爲人慈温仁信若聞臣召輒來胥爲人少好於文長習於武文治邦國武定天下執綱守戾蒙垢受耻雖寃不爭能成大事此前知之士安可致耶平王謂伍奢之譽二子即遣使者駕駟馬封函印綬往

詐召子尚子胥令曰賀二子父奢以忠信慈仁去難就免平王内慙囚繫忠臣外愧諸侯之耻反遇奢爲國相封二子爲侯尚賜鴻都侯胥賜蓋侯相去不遠三百餘里奢久囚繫憂思二子故遣臣來奉進印綬尚曰父繫三年中心切怛食不甘味嘗苦飢渴晝夜感思憂父不活惟父獲免何敢貪印綬哉使者曰父囚三年王今幸赦無以賞賜封二子爲侯一言當至何所陳哉尚乃入報子胥曰父幸

免死二子爲侯使使者在門兼封印綬汝可見使子胥曰尚且安坐爲兄卦之今日甲子時加於巳支傷日下氣不相受君欺其臣父欺其子今往方死何侯之有尚曰豈貪於侯思見父耳一面而別雖死而生子胥曰尚且無往父當我活楚畏我勇勢不敢殺兄若誤往必死不脫尚曰父子之愛恩從中出儌倖相見以自濟達於是子胥歎曰與父俱誅何明於世冤讎不除恥辱日大尚從是往我從是

決（決當作訣別也）尚泣曰吾之生也爲世所笑終老地上而亦何之不能報仇畢爲廢物汝懷文武勇於策謀父兄之讐汝可復也吾如得返是天祐之其遂沉埋亦吾所喜胥曰尚且行矣吾去不顧勿使臨難雖悔何追旋泣辭行與使俱往楚得子尚執而囚之復遣追捕子胥胥乃貫（烏還切）弓執矢去楚楚追之見其妻曰胥亡矣去三百里使者追及無人之野胥乃張弓布矢欲害使者使者俯伏而走胥曰

報汝平王平字當去王在安得先稱其謚不則當作君王下文平王則後人追書也欲國不滅釋吾父兄若不爾者楚爲墟矣使返報平王王聞之即發大軍追子胥至江失其所在不獲而返子胥行至大江仰天行哭林澤之中言楚王無道殺吾父兄願吾因於諸侯以報讐矣聞太子建在宋胥欲往之伍奢初聞子胥之亡曰楚之君臣且苦兵矣尚至楚就父俱戮於市伍員奔宋道遇申包胥謂曰楚王殺吾父兄爲之奈何申包胥曰

於乎吾欲教子報楚則爲不忠教子不報則爲無親友也子其行矣吾不容言子胥曰吾聞父母之讐不與戴天履地兄弟之讐不與同域接壤朋友之讐不與鄰鄉共里今吾將復楚辜以雪父兄之耻申包胥曰子能亡之吾能存之子能危之吾能安之胥遂奔宋宋元公無信於國國人惡之大夫華氏謀殺元公國人與華氏因作大亂華氏華亥華定也見左傳昭公二十年子胥乃與太子建俱奔鄭鄭人甚禮之太

子建又適晉晉頃公曰太子既在鄭鄭信太子矣太子能爲内應而滅鄭即以鄭封太子太子還鄭事未成會欲私其從者從者知其謀乃告之於鄭鄭定公與子産誅殺太子建建有子名勝伍員與勝奔吳到昭關關吏欲執之伍員因詐曰上所以索我者美珠也今我已亡矣將去取之關吏因舍（上聲）之與勝行去追者在後幾不得脫至江江中有漁父乘船從下方泝水而上子胥呼之謂曰漁父渡

我如是者再漁父欲渡之適會旁有人窺之因而歌曰日月昭昭乎侵已馳與子期乎蘆之漪子胥即止蘆之漪漁父又歌曰日已夕兮予心憂悲月已馳兮何不渡爲事寖急兮當奈何子胥入船漁父知其意也乃渡之千潯（潯當作尋四尺曰仞倍仞曰尋）之津子胥旣渡漁父乃視之有其飢色乃謂曰子俟我此樹下爲子取餉漁父去後子胥疑之乃潛身於深葦之中有頃父來持麥飯鮑魚羹盎漿求之樹下不

見因歌而呼之曰蘆中人蘆中人豈非窮士乎如是至再子胥乃出蘆中而應漁父曰吾見子有飢色爲子取餉子何嫌哉子胥曰性命屬天今屬丈人豈敢有嫌哉二人飲食畢欲去胥乃解百金之劒以與漁者此吾前君之劒中有七星價直百金以此相答漁父曰吾聞楚之法令得伍胥者賜粟五萬石爵執圭豈圖取百金之劒乎遂辭不受謂子胥曰子急去勿留且爲楚所得子胥曰請丈人姓

字漁父曰今日凶凶兩賊相逢吾所謂渡楚賊也兩賊相得得形於默何用姓字爲子爲蘆中人吾爲漁丈人富貴莫相忘也子胥曰諾既去誡漁父曰掩子之盎漿無令其露漁父諾子胥行數步顧視漁者已覆船自沉於江水之中矣子胥默然遂行至吳疾於中道乞食溧陽今建康屬邑適會女子擊綿於瀨水之上筥中有飯子胥遇之謂曰夫人可得一餐乎女子曰妾獨與母居三十未嫁飯不可得

子胥曰夫人賑窮途少飯亦何嫌哉女子知非恒人遂許之發其簞筥飯其盎漿長跪而與之子胥再餐而止女子曰君有遠逝之行何不飽而餐之子胥已餐而去又謂女子曰掩夫人之壺漿無令其露女子歎曰嗟乎妾獨與母居三十年自守貞明不願從適何宜饋飯而與丈夫越虧禮儀妾不忍也子行矣子胥行反顧女子已自投於瀨水矣於乎貞明執操其丈夫女哉子胥之吴乃被髪佯狂

跣足塗面行乞於市市人觀罔有識者翌日翌明也明日吳市吏善相者見之曰吾之相人多矣未嘗見斯人也非異國之亡臣乎乃白吳王僚具陳其狀王宜召之王僚曰與之俱入公子光聞之私喜曰吾聞楚殺忠臣伍奢其子子胥勇而且智彼必復父之讎來入於吳陰欲養之市吏於是與子胥俱入見王王僚怪其狀偉身長一丈腰十圍眉間一尺王僚與語三日辭無復者王曰賢人也子胥知王

好之每入語語遂有勇壯之氣稍道其讐而有切切之色王僚知之欲爲興師復讐公子謀殺王僚恐子胥前親於王而害其謀因讒伍胥之諫諫當作謀伐楚者非爲吳也但欲自復私讐耳王無用之子胥知公子光欲害王僚乃曰彼光有内志未可説音稅以外事入見王僚曰臣聞諸侯不爲匹夫興師用兵於比國王僚曰何以言之子胥曰諸侯專爲政非以意救急後興師今大王踐國制威爲匹夫興

兵其義非也臣固不敢如王之命吳王乃止子胥退耕於野求勇士薦之公子光欲以自媚乃得勇士專諸（左傳作鱄設諸）專諸者堂邑（吳地漢地理志爲臨淮郡堂邑縣）人也伍胥之亡楚如吳時遇之於途專諸方與人鬬將就敵其怒有萬人之氣甚不可當其妻一呼卽還子胥怪而問其狀何夫子之怒盛也聞一女子之聲而折道寧有說乎專諸曰子視吾之儀寧類愚者也何言之鄙也夫屈一人之下必伸萬人之上

子胥因相其貌碓顙而深目虎膺而熊背戾於從難知其勇士陰而結之欲以爲用遭公子光之有謀也而進之公子光光既得專諸而禮待之公子光曰天以夫子輔孤之失根也專諸曰前王餘眛卒僚立自其分也公子何因而欲害之乎光曰前君壽夢有子四人長曰諸樊（名遏史記索隱曰遏是其名諸樊是其號）則光之父也次曰餘祭次曰餘眛（春秋作夷末）次曰季札札之賢也將卒傳付適長以及季札念季札爲使

去聲亡在諸侯未還餘昧卒國空有立者適長也適長之後即光之身也今僚何以當代立乎吾力弱無助於掌事之間非用有力徒能安吾志吾雖代立季子東還不吾廢也專諸曰何不使近臣從容言於王側陳前王之命以諷其意令知國之所歸何須私備劍士以捐先王之德光曰僚素貪而恃力知進之利不覩退讓吾故求同憂之士欲與之并力惟夫子詮言擇斯義也專諸曰君言甚露乎於公

子何意也光曰不也此社稷之言也小人不能奉行惟委命矣專諸曰願公子命之公子光曰時未可也專諸曰凡欲殺人君必前求其所好吳王何好光曰好味專諸曰何味所甘光曰好嗜魚之炙也專諸乃去從太湖學炙魚三月得其味安坐待公子命之

八年僚遣公子伐楚大敗楚師因迎故太子建母於鄭鄭君送建母珠玉簪珥欲以解殺建之過左傳昭公二十三年楚太子建故母在郹吳太子諸樊入郹取楚夫人與

其寶器以歸杜預解諸樊吳王僚之太子按春秋襄公二十五年吳子遏伐楚門於巢卒杜預解遏諸樊也傳亦書吳子諸樊卒諸樊之死於是三十年矣此書云僚遣公子當是公子光非光之父諸樊也諸樊於僚爲世父亦不得云王僚太子也豈傳與杜解俱誤耶

九年吳使光伐楚拔居巢鍾離左傳昭公二十四年吳遂滅巢及鍾離而還世家所記與此合巢今無爲巢縣吳所以相攻者初楚之邊邑脾梁史記作卑梁之女與吳邊邑處女蠶爭界上之桑史記曰小童爭桑伍子胥傳兩女子爭桑二家相攻吳國不勝遂更相伐滅吳之邊邑吳怒故伐楚取二邑而去

十二年冬楚平王卒左傳昭公二十六年九月楚平王卒索隱曰按年表及左傳合在僚十一年此書作十二年又以秋爲冬皆誤伍子胥謂白公勝即太子建之子其後惠王召勝歸楚使居邊邑服虔曰白楚邑名大夫皆稱公杜預曰汝陰褒信縣西南有白亭勝奔吳事見前曰平王卒吾志不悉矣然楚國有吾何憂矣白公默然不對伍子胥坐泣於室

十三年索隱曰據表及左氏僚止合有十二年事今史記世家乃書云十三年此書似承世家之誤春吳欲因楚葬而伐之左傳吳子欲因楚喪而伐之世家因喪作哭字此書葬字恐是喪字之誤使公子蓋餘燭傭

左傳蓋作掩傭作庸皆王僚母弟以兵圍楚使季札於晉以觀諸侯之變楚發兵絕吴後吴兵不得還於是公子光心動伍胥知光之見機也乃說光曰今吴王伐楚二弟將兵未知吉凶專諸之事於斯急矣時不再來不可失也於是公子見專諸曰今二弟伐楚季子未還當此之時不求何獲時不可失且光真王嗣也專諸曰僚可殺也母老子弱弟伐楚楚絕其後方今吴外困於楚內無骨鯁之臣是無如我何也

四月公子光伏甲士於窋室中左傳作堀室史記作窟室具酒而請王僚僚白其母曰公子光爲我具酒來請期無變悉乎母曰光心氣怏怏常有愧恨之色不可不慎王僚乃被棠銕之甲三重使兵衛陳於道自宮門至於光家之門階席左右皆王僚之親戚使坐立侍皆操長戟交軹酒酣公子光佯爲足疾入窋室裹足使專諸置魚腸劒炙魚中進之既至王僚前專諸乃擘炙魚因推匕首立戟交軹倚專諸胷

戟有枝兵也周禮戟長丈六尺增韻雙枝爲戟單枝爲戈軹說文車輪小穿周禮大馭祭兩軹註軹謂兩轊詩詁曰車軸之端貫轂者爲楫轂末之小穿容轊者爲軹此言立戟交軹謂戟之立如軹之交倚專諸之胷也胷斷臆開匕首如故以刺王僚貫甲達背王僚既死左右共殺專諸衆士擾動公子光伏其甲士以攻僚衆盡滅之遂自立是爲吳王闔閭也乃封專諸之子拜爲客卿季札使還至吳闔閭以位讓季札曰苟前君無廢社稷以奉君也吾誰怨乎哀死待生以俟天命非我所亂立者從之是前

人之道命哭僚墓復位而待公子蓋餘燭傭二人將兵遇圍於楚者聞公子光殺王僚自立乃以兵降楚楚封之於舒按左傳掩餘奔徐燭庸奔鍾吾吳使徐人執掩餘鍾吾人執燭庸二公子奔楚此言以兵降楚與傳不合史記亦云奔楚世家與伍子胥傳皆云降楚舒春秋時舒國爲楚所滅漢屬廬江郡今廬州有舒城縣

吳越春秋王僚使公子光傳第三

御覽三百四十三　吳越春秋曰越王允常聘歐冶子作名劍五枚大三小二一曰純鈎二曰湛盧三曰豪曹或曰盤郢
四曰魚腸五曰鉅闕秦客薛燭善相劍王取豪曹示之薛燭曰非寶劍也夫寶劍五色並見今豪曹五色黯
然無華殆其光亡其神矣王復取鉅闕示之薛燭曰非寶劍也夫寶劍金錫和同氣如雲煙今其光已離矣
王復取魚腸示之燭曰夫寶劍者金精從理至本不逆今魚腸倒本從末逆理之劍也服此者臣弑其君子弑
其父王取純鈎示之薛燭瞿然而望之曰光乎如屈陽之華沈沈如芙蓉始生于湖觀其文如列星之芒觀其光
如水之溢塘觀其色渙如冰將釋見日之光此純鈎者也王曰是也客有買此劍者市之鄉三十駿馬千疋千戶之都
二其可與乎薛燭曰不可臣聞王之初造此劍赤堇之山破而出錫若耶之溪涸而出銅雨師灑道雷公發鼓蛟
龍捧爐天帝壯炭太一下觀於是歐冶因天地之精悉其技巧造為此劍吉者冥王出者可以逐人此者當直萬
金況純鈎耶取湛盧示之薛燭曰善哉銜金鐵之英吐銀錫之精寄（初學記）氣託靈有遊出之神服此劍者可以
折衝伐敵人君有逆謀則去之他國允常乃以湛盧獻吳吳以子光殺王僚湛盧去之如楚楚昭王寐而得之召風胡子問之
曰此劍直幾何對曰赤堇之山已合若耶之溪深而不測群神上天歐冶已死雖有傾城量金珠玉不可與況駿馬
萬戶之都耶　初學記卅二同御覽

初學記廿二又引　越絕吳越春秋曰越王允常聘歐冶子作劍五枚三大二小三曰豪曹秦客薛燭善相劍王取豪曹示
之薛燭曰寶非寶也今豪曹五色黯然無華已殞其光亡其神此劍不登斬而辱則墮於飲中矣王曰
寡人置劍於盧上過而墜之斬金獸之頸飲濡其刃以為利也

吳越春秋闔閭内傳第四

闔閭（左傳作闔廬史世家同）元年始任賢使能施恩行惠以仁義聞於諸侯仁未施恩未行恐國人不就諸侯不信乃舉伍子胥爲行人以客禮事之而與謀國政闔閭謂子胥曰寡人欲彊國霸王何由而可伍子胥膝進（膝行而進出莊子）垂涙頓首曰臣楚國之亡虜也父兄棄捐骸骨不葬魂不血食蒙罪受辱來歸命於大王幸不加戮何敢與政事焉闔閭曰非夫子寡人

不免於縶禦之使今幸奉一言之教乃至於斯何爲中道生進退耶子胥曰臣聞謀議之臣何足處於危亡之地然憂除事定必不爲君主所親闔閭曰不然寡人非子無所盡議何得讓乎吾國僻遠顧在東南之地險阻潤濕又有江海之害君無守禦民無所依倉庫不設田疇不墾爲之柰何子胥良久對曰臣聞治國之道安君理民是其上者闔閭曰安君治民其術柰何子胥曰凡欲安君治民興

霸成王從近制遠者必先立城郭設守備實倉廪治兵庫斯則其術也闔閭曰善夫築城郭立倉庫因地制宜豈有天氣之數以威鄰國者乎子胥曰有闔閭曰寡人委計於子子胥乃使相土嘗水象天法地造築大城周廻四十七里陸門八以象天八風水門八以法地八聰築小城周十里陵門三不開東面者欲以絶越明也立閶門者以象天門通閶闔風也〔史記律書閶闔風居西方閶者倡也闔者藏也〕立蛇門者以象

地戸也巳爲地戸闔閭欲西破楚楚在西北故立閶門以通天氣因復名之破楚門欲東幷大越越在東南故立蛇門以制敵國吴在辰其位龍也故小城南門上反羽爲兩鯢鱙以象龍角越在巳地其位蛇也故南大門上有木蛇北向首内示越屬於吴也城郭以成倉庫以具闔閭復使子胥屈蓋餘燭傭習術戰騎射御之巧未有所用請干將鑄作名劍二枚干將者吴人也與歐冶子同師俱能爲劍越

前來獻三枚闔閭得而寶之以故使劍匠作爲二枚一曰干將二曰莫耶莫耶干將之妻也干將作劍采五山之鐵精六合之金英候天伺地陰陽同光百神臨觀天氣下降而金鐵之精不銷淪流於是干將不知其由莫耶曰子以善爲劒聞於王使子作劍三月不成其有意乎干將曰吾不知其理也莫耶曰夫神物之化須人而成今夫子作劍得無得其人而後成乎干將曰昔吾師作冶金鐵之類

不銷夫妻俱入冶爐中然後成物至今後世即山作冶麻絰葌服然後敢鑄金於山今吾作劍不變化者其若斯耶莫耶曰師知爍身以成物吾何難哉於是干將妻乃斷髮剪爪投於爐中使童女童男三百人鼓槖裝炭金鐵乃濡遂以成劍陽曰干將陰曰莫耶陽作龜文陰作漫理干將匿其陽出其陰而獻之闔閭甚重既得寶劍適會魯使季孫聘於吳闔閭使掌劍大夫以莫耶獻之季孫拔劍之

鍔中鈇者大如黍米歎曰美哉劍也雖上國之師何能加之夫劍之成也吴霸有鈇則亡矣我雖好之其可受乎不受而去闔閭既寶莫耶復命於國中作金鈎令曰能爲善鈎者賞之百金吴作鈎者甚衆而有人貪王之重賞也殺其二子以血疊釁舋作金遂成二鈎獻於闔閭詣宮門而求賞王曰爲鈎者衆而子獨求賞何以異於衆夫子之鈎乎作鈎者曰吾之作鈎也貪而殺二子疊成二鈎王乃舉

衆鈎以示之何者是也王鈎甚多形體相類不知其所在於是鈎師向鈎而呼二子之名吳鴻扈稽我在於此王不知汝之神也聲絶於口兩鈎俱飛着父之胷吳王大驚曰嗟乎寡人誠負於子乃賞百金遂服而不離身六月欲用兵會楚之白喜史記作伯嚭披美切來奔吳王問子胥曰白喜何如人也子胥曰白喜者楚白左傳史記白俱作伯州犂之孫平王誅州犂喜因出奔聞臣在吳而來也闔閭曰州犂何罪子胥

曰白州犂楚之左尹號曰郄宛郄當作郤詳此書似以伯州犂郤宛爲一人按左傳昭公元年楚公子圍殺太宰伯州犂于郟春秋昭公二十七年楚殺其大夫郤宛自是二人又按徐廣曰州犂之子曰郤宛郤宛之子曰伯嚭宛亦姓伯又別氏郤吳世家曰楚誅伯州犂其孫伯嚭奔吳此云伯州犂號郤宛非也事平王平王幸之常與盡日而語襲朝陟遙切旦也而食費無忌望而妬之因謂平王曰王愛幸宛一國所知何不爲酒一至宛家以示羣臣於宛之厚平王曰善乃具酒於郄宛之舍無忌教宛曰平王甚毅猛而好兵子必前陳兵堂

下門庭宛信其言因而爲之及平王往而大驚曰宛何等也無忌曰殆且有篡殺之憂王急去之事未可知平王大怒遂殺郤宛諸侯聞之莫不歎息喜聞臣在吳故來請見之闔閭見白喜而問曰寡人國僻遠東濱海側聞子前人爲楚荆之暴怒費無忌之讒口不遠吾國而來於斯將何以教寡人喜曰楚國之失虜前人無罪横被暴誅臣聞大王收伍子胥之窮厄不遠千里故來歸命惟大王賜其

死闔閭傷之以爲大夫與謀國事吳大夫被離承宴問子胥曰何見而信喜子胥曰吾之怨與喜同子不聞河上歌乎同病相憐同憂相救驚翔之鳥相隨而集瀨下之水因復俱流胡馬望北風而立越鷰向日而熙誰不愛其所近悲其所思者乎被離曰君之言外也豈有内意以決疑乎子胥曰吾不見也被離曰吾觀喜之爲人鷹視虎步專功擅殺之性不可親也子胥不然其言與之俱事吳王

二年吳王前既殺王僚又憂慶忌之在鄰國恐合諸侯來伐問子胥曰昔專諸之事於寡人厚矣今聞公子慶忌有計於諸侯吾食不甘味卧不安席以付於子子胥曰臣不忠無行而與大王圖王僚於私室之中今復欲討其子恐非皇天之意闔閭曰昔武王討紂而後殺武庚周人無怨色今若斯議何乃天乎子胥曰臣事君王將遂吳統又何懼焉臣之所厚其人者細人也願從於謀吳王曰吾之

憂也其敵有萬人之力豈細人之所能謀乎子胥曰其細人之謀事而有萬人之力也王曰其爲何誰子以言之子胥曰姓要（平聲）名離臣昔嘗見曾折辱壯士椒丘訢也王曰辱之奈何子胥曰椒丘訢者東海上人也爲齊王於吴過淮津欲飲馬於津津吏曰水中有神見馬即出以害其馬君勿飲也訢曰壯士所當何神敢干乃使從者飲馬於津水神果取其馬馬没椒丘訢大怒袒裼持劍入水求

神決戰連日乃出眇其一目遂之吳會於友人之喪訢恃其與水（水字下當有神字）戰之勇也於友人之喪席而輕傲於士大夫言辭不遜有陵人之氣要離與之對坐合坐不忍其溢於力也時要離乃挫訢曰吾聞勇士之鬭也與日戰不移表與神鬼戰者不旋踵與人戰者不達聲生往死還不受其辱今子與神鬭於水亡馬失御又受眇目之病形殘名勇勇士所耻不即喪命於敵而戀其生猶傲色於我

哉於是椒丘訢卒於（卒音猝，於字疑當作被）詰責恨怒並發，瞋即往攻要離。於是要離席闌至舍，誡其妻曰：我辱壯士椒丘訢於大家之喪，餘恨蔚（蔚當作鬱）恚，瞋必來也，慎無閉吾門。至夜，椒丘訢果往，見其門不閉，登其堂不關，入其室不守，放髮僵臥，無所懼。訢乃手劍而捽要離，曰：子有當死之過者三，子知之乎？離曰：不知。訢曰：子辱我於大家之衆，一死也；歸不關閉，二死也；臥不守御，三死也。子有三死之過，欲無得怨要離曰吾無三死之過子有三不肖之愧子知之乎訢曰不知要離曰吾辱子於千人之衆子無敢報一不肖也入門不咳登堂無聲二不肖也前拔子劍手挫捽吾頭乃敢大言三不肖也子有三不肖而威於我豈不鄙哉於是椒丘訢投劍而嘆曰吾之勇也人莫敢眥占者（占疑當作覘）離乃加吾之上此天下壯士也臣聞要離若斯誠以聞矣吳王曰願承宴而待焉子胥乃見要離曰吳王聞子高

義惟一臨之乃與子胥見吳王王曰子何爲者要離曰臣國東千里之人臣細小無力迎風則僵負風則伏大王有命臣敢不盡力吳王心非子胥進此人良久默然不言要離即進曰大王患慶忌乎臣能殺之王曰慶忌之勇世所聞也筋骨果勁萬人莫當走追奔獸手接飛鳥骨騰肉飛拊膝數百里吾嘗追之於江駟馬馳不及射之闇接矢不可中今子之力不如也要離曰王有意焉臣能殺之王

曰慶忌明智之人歸窮於諸侯不下諸侯之士要離曰臣聞安其妻子之樂不盡事君之義非忠也懷家室之愛而不除君之患者非義也臣詐以負罪出奔願王戮臣妻子斷臣右手慶忌必信臣矣王曰諾要離乃詐得罪出奔吳王乃取其妻子焚棄於市要離乃奔諸侯而行怨言以無罪聞於天下遂如衛求見慶忌見曰闔閭無道王子所知今戮吾妻子焚之於市無罪見誅吳國之事吾知其情

顧因王子之勇闔閭可得也何不與我東之於吳慶忌信其謀後三月揀練士卒遂之吳將渡江於中流要離力微坐與[與當作於]上風因風勢以矛鈎其冠順風而刺慶忌慶忌顧而揮之三捽其頭於水中乃加於膝上嘻嘻哉天下之勇士也乃敢加兵刃於我左右欲殺之慶忌止之曰此是天下勇士豈可一日而殺天下勇士二人哉乃誡左右曰可令還吳以旌其忠於是慶忌死要離渡至江陵愍然

不行從者曰君何不行要離曰殺吾妻子以事其君非仁也爲新君而殺故君之子非義也重其死不貴無義今吾貪生棄行非義也夫人有三惡以立於世吾何面目以視天下之士言訖遂投身於江未絶從者出之要離曰吾寧能不死乎從者曰君且勿死以俟爵祿要離乃自斷手足伏劍而死

三年吴將欲伐楚未行伍子胥白喜相謂曰吾等爲王養士畫其策謀有利於國而王故

伐楚出其令託而無興師之意柰何有頃吳王問子胥白喜曰寡人欲出兵於二子何如子胥白喜對曰臣願用命吳王内計二子皆怨楚深恐以兵往破滅而已登臺向南風而嘯有頃而嘆羣臣莫有曉王意者子胥深知王之不定乃薦孫子於王孫子者名武吳人也善爲兵法辟隱深居世人莫知其能胥乃明知鑒辯知孫子可以折衝銷敵乃一旦與吳王論兵七薦孫子吳王曰子胥託言進士

欲以自納而召孫子問以兵法每陳一篇王不知口之稱善其意大悦問曰兵法寧可以小試耶孫子曰可可以小試於後宮之女王曰諾孫子曰得大王寵姬二人以爲軍隊長各將一隊令三百人皆被甲兜鍪操劔楯（竪尹切兵罷所以蔽身）而立告以軍法隨鼓進退左右迴旋使知其禁乃令曰一鼓皆振二鼓操進三鼓爲戰形於是宮女皆掩口而笑孫子乃親自操枹擊鼓三令五申其笑如故孫子顧視

諸女連笑不止孫子大怒兩目忽張聲如駭虎髮上衝冠項旁絶纓顧謂執法曰取鈇鑕鈇斧也鑕鐵椹孫子曰約束不明申令不信將之罪也既以約束三令五申卒不却行士之過也軍法如何執法曰斬武乃令斬隊長二人即吳王之寵姬也吳王登臺觀望正見斬二愛姬馳使去聲下之令曰寡人已知將軍用兵矣寡人非此二姬食不甘味宜勿斬之孫子曰臣既已受命爲將將法在軍君雖有令臣不

受之孫子復撝鼓之當左右進退迴旋規矩不敢瞬目二隊寂然無敢顧者於是乃報吳王曰兵已整齊願王觀之惟所欲用使赴水火猶無難矣而可以定天下吳王忽然不悦曰寡人知子善用兵雖可以霸然而無所施也將軍罷兵就舍寡人不願孫子曰王徒好其言而不用其實子胥諫曰臣聞兵者凶事不可空試故爲兵者誅伐不行兵道不明今大王虔心思士欲興兵戈以誅暴楚以霸天

下而威諸侯，非孫武之將而誰能涉淮踰泗越千里而戰者乎於是吳王大悅因鳴鼓會軍集而攻楚孫子爲將拔舒殺吳亡將二公子蓋餘燭傭謀欲入郢（楚都楚文王始自丹陽徙都郢郢即江陵之紀南城也）孫武曰民勞未可恃也楚聞吳使孫子伍子胥白喜爲將楚國苦之羣臣皆怨咸言費無忌讒殺伍奢白州犂而吳侵境不絶於冦楚國羣臣有一朝之患於是司馬成乃謂子常曰太傅伍奢左尹白州犂邦人莫知其罪君與王謀誅之流謗於國至于今日其言不絕誠惑之蓋聞仁者殺人以掩謗者猶弗爲也今子殺人以興謗於國不亦異乎夫費無忌楚之讒口民莫知其過今無辜殺三賢士（伍奢伯州犁與郤宛而三）以結怨於吳內傷忠臣之心外爲鄰國所笑且郄（郤）伍之家出奔於吳吳新有伍員白喜秉威銳志結讎於楚故彊敵之兵日駭楚國有事子卽危矣夫智者除讒以自安愚者受佞以自亡今子受讒國以危

矣子常曰是曩之罪也敢不圖之九月子常與昭王共誅費無忌遂滅其族國人乃謗止吳王有女滕玉因謀伐楚與夫人及女會蒸魚王前嘗半而與女女怒曰王食魚辱我不忍久生乃自殺闔閭痛之葬於國西閶門外鑿池積土文石爲椁題湊爲中題湊棺木内向也金鼎玉杯銀樽珠襦之寶皆以送女乃舞白鶴於吳市中令萬民隨而觀之還使男女與鶴俱入羨門因發機以掩之殺生以送死國人

非之湛盧之劍惡闔閭之無道也乃去而出水行如楚楚昭王臥而寤得吳王湛盧之劍於牀昭王不知其故乃召風湖子越絶湖皆作胡而問曰寡人卧覺而得寶劍不知其名是何劍也風湖子曰此謂湛盧之劍昭王曰何以言之風湖子曰臣聞吳王得越所獻寶劍三枚一曰魚腸二曰磐郢三曰湛盧魚腸之劍已用殺吳王僚也磐郢以送其死女今湛盧入楚也昭王曰湛盧所以去者何也風湖子曰

文選七命形震薛
蜀李善注越絶書
爲燭吳越春秋爲
蜀蓋一人也

臣聞越王元常左傳史記俱作允常使歐冶子造劍五枚以示薛燭燭對曰魚腸劍逆理不順不可服也臣以殺君子以殺父故闔閭以殺王僚一名磐郢亦曰豪曹不法之物無益於人故以送死一名湛盧五金之英太陽之精寄氣託靈出之有神服之有威可以折衝拒敵然人君有逆理之謀其劍即出故去無道以就有道今吳王無道殺君謀楚故湛盧入楚昭王曰其直幾何風湖子曰臣聞此劍在越之

七命價兼三鄉聲貴二都注引越絶書云云並只二鄉而云三者避下文也

時客有酬其直者有市之鄉三十駿馬千匹萬戶之都二是其一也薛燭對曰赤堇之山已令作合令字當作合無雲若耶之溪深而莫測若耶溪在會稽縣南二十五里溪傍即赤堇山一名鑄浦山歐冶子鑄劒之所戰國策曰涸若耶而取銅破堇山而取錫張景陽七命曰邪溪之鋌赤山之精皆謂此也羣臣上天歐冶死矣雖傾城量金珠玉盈河猶不能得此寶而況有市之鄉駿馬千匹萬戶之都何足言也昭王大悅遂以爲寶闔閭聞楚得湛盧之劍因斯發怒遂使孫武伍胥白喜伐楚

子胥陰令宣言於楚曰楚用子期爲將吾即得而殺之子常用兵吾即去之楚聞之因用子常退子期吳拔六與潛二邑左傳昭公三十一年吳人侵楚伐夷侵潛六始用子胥之謀是爲闔廬四年子胥傳亦合今此書以爲二年何也六古國臯陶之後所封今安豐六安縣是其地潛在六西南今屬安慶有潛山潛水史記潛作灊

五年吳王以越不從伐楚南伐越越王元常曰吳不信前日之盟棄貢賜之國而滅其交親闔閭不然其言遂伐破檇里左傳昭公三十二年吳伐

越始用師於越也是爲闔廬五年杜預解自此之前雖疆事小爭未嘗用大兵檇里左傳史記俱作檇李檇音醉杜預曰吳郡嘉興縣南有醉李城

六年楚昭王使公子囊瓦按左傳楚公子貞字子囊其孫名瓦字子常此當言公孫不得云公子也伐吳報潛六之役吳使伍胥孫武擊之圍於豫章豫章地名也在江夏之間杜預曰豫章漢東江北地名孔穎達曰漢書地理志豫章郡名在江南此則在北者上地之名按宋武帝討劉毅遣王鎮惡先襲至豫章口豫章口去江陵城二十里乃知春秋之豫章非今隆興郡名之豫章也吳王曰吾欲乘危入楚都而破其郢不得入郢二子何功於是圍楚師於豫章大

破之遂圍巢克之獲楚公子繁守巢大夫以歸爲質見左傳定公二年索隱曰當爲闔廬七年史年表世家皆書之六年此書似亦因以爲據

九年吳王謂子胥孫武曰始子言郢不可入今果何如二將曰夫戰借勝以成其威非常勝之道吳王曰何謂也二將曰楚之爲兵天下彊敵也今臣與之爭鋒十亡一存而王入郢者天也臣不敢必吳王曰吾欲復擊楚柰何而有功伍胥孫武曰囊瓦者貪而多過於

諸侯而唐蔡怨之王必伐得唐蔡何怨二將曰昔蔡昭公朝於楚有美裘二枚善珮二枚各以一枚獻之昭王王服之以臨朝昭公自服一枚子常欲之昭公不與子常三年留之不使歸國唐成公朝楚有二文馬〔二馬名肅爽駿馬也爽音霜亦曰驌驦〕子常欲之公不與亦三年止之唐成〔成當作人〕相與謀從成公從者請馬以贖成公飲從者酒醉之竊馬而獻子常常乃遣成公歸國羣臣誹謗曰君以一馬之故三年自囚

願賞竊馬之功於是成公常思報楚君臣未嘗絶口蔡人聞之固請獻裘珮於子常蔡侯得歸如晉告訴以子元與太子質（左傳云以其子元與大夫之子爲質者是）而請伐楚故曰得唐蔡而可伐楚吳王於是使使謂唐蔡曰楚爲無道虐殺忠良侵食諸侯困辱二君寡人欲舉兵伐楚願二君有謀唐侯（左傳作蔡侯）使其子乾爲質於吳三國合謀伐楚舍兵（兵當作舟吳乘舟從淮來過蔡而舍之）於淮汭自豫章與楚夾漢水爲陣（漢水源出武都沮縣經襄

陽至江夏陽安縣入江今漢陽古江夏也子常遂濟漢而陣自小別山至於大別山杜預曰二別在江夏界元和郡縣志小別山在漢陽縣禹貢至于大別今漢陽縣北有大別山地志水經云在安豐者非三不利自知不可進欲奔亾史皇曰今子常無故與王共殺忠臣三人天禍來下王之所致子常不應十月楚二師陣於柏舉柏舉楚地闔閭之弟夫槩晨起請於闔閭曰子常不仁貪而少恩其臣下莫有死志追之必破矣闔閭不許夫槩曰所謂臣行其志不待命者其謂此也遂以

其部五千人擊子常，大敗，走奔鄭。楚師大亂，吳師乘之，遂破楚衆。楚人未濟漢，會楚人食，吳因奔而擊破之雍滯（左傳作雍澨）。五戰，徑至於郢。王追（追當作迫）於吳寇，出固將亡，與妹季芉（綿婢切。楚姓芈，王女也）出河濉（河水出崑崙。濉與睢同。杜預曰：睢水出新城昌魏縣東南，至枝江縣入江，是楚王西走也。按水經，睢水出梁郡鄢縣。酈道元註：睢水出陳留縣西藪蕩渠。三說各不同）之閒。楚大夫尹固與王同舟而去。吳師遂入郢，求昭王。王涉濉濟江，入于雲中（楚有雲夢澤。左傳載令尹子文之生，䢵夫人棄諸夢中，言夢而不及雲。今此雲中，言雲而不及夢是二澤明矣漢陽圖經雲在江之北夢在江之南暮宿羣盜攻之以戈擊王頭大夫尹固左傳作王孫由于隱王以背受之中肩王懼奔鄖音云江陵有鄖城楚昭王時鄖公所築今松滋也大夫鍾建負季芈以從鄖公辛得昭王大喜欲還之其弟懷怒曰昭王是我讎也欲殺之謂其兄辛曰昔平王殺我父吾殺其子不亦可乎辛曰君討其臣敢讎之者夫乘人之禍非仁也滅宗廢祀非孝也動無令名非智也懷怒不解辛陰與其季弟巢以王奔隨

吳兵逐之謂隨君曰周之子孫在漢水上者楚滅之謂天報其禍加罰於楚君何寶之（寶當作保）周室何罪而隱其賊能出昭王即重惠也隨君卜昭王與吳王不吉乃辭吳王曰今隨之僻小密近於楚楚實存我有盟至今未改若今有難（去聲）而棄之今且安靜楚敢不聽命吳師多其辭乃退是時大夫子期雖與昭王俱亡陰與吳師爲市欲出昭王王聞之得免即割子期心以與隨君盟而去吳王入郢止

留伍胥以不得昭王乃掘平王之墓出其屍鞭之三百左足踐腹右手抉其目誚之曰誰使汝用讒諛之口殺我父兄豈不寃哉即令闔閭妻昭王夫人伍胥孫武白喜亦妻子常司馬成之妻以辱楚之君臣也遂引軍擊鄭鄭定公前殺太子建而困迫子胥自此鄭定公大懼按太子建之死乃定公時吳師入郢則獻公時此亦云定公誤乃令國中曰有能還吳軍者吾與分國而治漁者之子應募曰臣能還之不用尺兵斗糧得一

橈（音饒小楫）而行歌道中即還矣公乃與漁者之子橈子胥軍將至當道扣橈而歌曰蘆中人如是再子胥聞之愕然大驚曰何等謂與語公爲何誰矣曰漁父者子吾國君懼怖令於國有能還吳軍者與之分國而治臣念前人與君相逢於途今從君乞鄭之國子胥歎曰悲哉吾蒙子前人之恩自致於此上天蒼蒼豈敢忘也於是乃釋鄭國還軍守楚求昭王所在日急申包胥亡在山中聞之乃使人謂

子胥曰子之報讐其以甚乎子故平王之臣北面事之今於僇屍之辱豈道之極乎子胥曰爲我謝申包胥曰日暮路遠倒行而逆施之於道也申包胥知不可乃之於秦求救楚晝馳夜趨足踵蹠（踵足後蹠之石切足下也）劈裂裳裹膝鶴倚哭於秦庭七日七夜口不絕聲秦桓公（按申包胥求救乃秦哀公時此云桓公誤）素沉湎不恤國事申包胥哭已歌曰吳爲無道封（大也）豕長蛇以食上國欲有天下政從楚起寡君出在草澤使來

告急如此七日桓公桓當作哀大驚楚有賢臣如是吳猶欲滅之寡人無臣若斯者其亡無日矣爲賦無衣之詩曰豈曰無衣與子同袍王于興師與子同仇包胥曰臣聞戾德左傳國語皆作夷德無厭王不憂鄰國疆埸之患逮吳之未定王其取分扶問切焉若楚遂亡於秦何利則亦亡君之土也願王以神靈存之世以事王秦伯使辭焉曰寡人聞命矣子且就館將圖而告包胥曰寡君今在草野未獲所伏臣何敢

即安復立於庭，倚牆而哭，日夜不絶聲，水不入口。秦伯爲之垂涕，即出師而送之。

十年，秦師未出，越王元常恨闔閭破之檇里，興兵伐吳。吳在楚，越盜掩襲之。左傳定公五年越入吳，吳在楚也。六月，申包胥以秦師至，秦使公子子蒲、子虎率車五百乘救楚擊吳。二子曰：「吾未知吳道。」使楚師前與吳戰，而即會之，大敗夫槩。即會之，左傳作自稷會之。稷，楚地也。史記亦云敗吳於稷。七月，楚司馬子成、秦公子子蒲與吳王相守，私以間兵伐唐滅之唐從吳伐楚故子胥久留楚求昭王不去夫槩師敗却退九月潛歸自立爲吳王闔閭聞之乃釋楚師欲殺夫槩奔楚昭王封夫槩於棠溪左傳史記棠俱作堂司馬彪曰汝南有堂谿亭應劭曰堂谿本房子國闔閭遂歸子胥孫武白喜留與楚師於淮澨秦師又敗吳師楚子期將焚吳軍子西曰吾國父兄身戰暴骨草野焉不收又焚之其可乎子期曰亡國失衆存沒所在又何殺生以愛死死如有知必將乘煙起而助我如其無知何

惜草中之骨而亡吳國遂焚而戰吳師大敗子胥等相謂曰彼楚雖敗我餘兵未有所損我者孫武曰吾以吳干戈西破楚逐昭王而屠荆平王墓割戮其屍亦已足矣子胥曰自霸王已來未有人臣報讎如此者也行去矣吳軍去後昭王反國徐天祜曰楚何其多亡臣也析公雍子子靈賁皇奔晉洩爲謀主楚是以有繞角靡角巢鄢陵之敗伍舉之奔鄭也將遂奔晉賴聲子有言益其爵祿而及子孫復仕於楚由是世爲忠臣其後伍奢伍尚卒困讒口無罪而父子就戮此子胥之出亡所以報楚入郢讎其舊君而甘心焉是舉也隨與鄭亦與有憂而

（唐卒受禍微申包胥以秦師至楚何以能國詩云讒人罔極交亂四國其是之謂歟聽言者可以監矣）樂師扈子非荊王信讒佞殺伍奢白州犂而寇不絕於境至乃掘平王墓戮屍姧喜以辱楚君臣又傷昭王困迫幾爲天下大鄙然已愧矣乃援琴爲楚作窮刼（刼疑當作卹）之曲以暢（暢當作傷）君之迫厄之暢達（之暢達當作而暢達之）也其詞曰王耶王耶何乖烈（烈疑當作劣）不顧宗廟聽讒孽任用無忌多所殺誅夷白氏族幾滅二子東奔適吳越吳王哀痛助忉怛垂涕

舉兵將西伐伍胥白喜孫武決三戰破郢王奔發畚兵縱騎虜荆闕楚荆骸骨遭發掘鞭辱腐屍耻難雪幾危宗廟社稷滅嚴王何罪國幾絶卿士悽愴民惻悷（音戾懍　悷悲貌）吳軍雖去怖不歇願王更隱撫忠節勿爲讒口能謗褻昭王垂涕深知琴曲之情扈子遂不復鼓矣

子胥等過溧陽瀨水之上乃長太息曰吾嘗饑於此乞食於一女子女子飼我遂投水而亡將欲報以百金而不知其家乃投金水中

而去有頃一老嫗行哭而來人問曰何哭之悲嫗曰吾有女子守居三十不嫁往年擊綿於此遇一窮途君子而輒飯之而恐事泄自投於瀨水今聞伍君來不得其償自傷虛死是故悲耳人曰子胥欲報百金不知其家投金水中而去矣嫗遂取金而歸子胥歸吳吳王聞三師將至治魚爲鱠將到之日過時不至魚臭須臾子胥至闔閭出鱠而食不知其臭王復重爲之其味如故吳人作鱠者自闔

閶之造也諸將既從還楚因更名閶門曰破楚門復謀伐齊齊子使女爲質於吳吳王因爲太子波聘齊女齊景公女孟子所謂涕出而女於吳即此也女少思齊日夜號泣因乃爲病闔閭乃起北門名曰望齊門令女往遊其上女思不止病日益甚乃至殂落女曰令死者有知必葬我於虞山之巔寰宇記常熟虞山有齊女冢以望齊國闔閭傷之正如其言乃葬虞山之巔是時太子亦病而死闔閭謀擇諸公子可立者未有定計波

太子（詳下文則夫差爲太子波之子此太子下當又有子字）夫差日夜告於伍胥曰王欲立太子非我而誰當立此計在君耳伍子胥曰太子未有定我入則決矣闔閭有頃召子胥謀立太子子胥曰臣聞祀廢於絕後興於有嗣今太子不祿早失侍御今王欲立太子者莫大乎波秦（秦字衍）之子夫差闔閭曰夫（夫下當有差字）愚而不仁恐不能奉統於吳國子胥曰夫差信以愛人端於守節敦於禮義父死子代經之明文闔閭曰寡人

從子立夫差爲太子使太子屯兵守楚留止自治宮室立射臺於安里華池在平昌南城宮在長樂越絕曰射臺二一在華池昌里一在安陽里南宮在長樂里按華池南城宮舊傳皆在長洲縣境闔閭出入游卧秋冬治於城中春夏治於城外治姑蘇之臺在吳縣西南三十里有姑蘇山亦名姑胥旦食䱾山越絕作組山晝游蘇臺射於鷗陂馳於游臺興樂石城在吳縣東北吳之離宮越王獻西子於此走犬長洲有走狗塘田獵之地也斯止闔閭之霸時於是太子定因伐楚破師拔番音婆秦爲鄱陽縣屬九江郡今

號州也徐天祐曰吳楚世爲仇敵吳自伐巢以至取番大小二十餘戰楚子重子反一歲七奔命而昭王即位無歲不有吳師則亡臣伍負伯嚭爲之也其間潛虵棘櫟麻五邑之役與庸浦皐舟鵲岸房鍾州來雞父之戰此書皆畧而不載云楚懼吳兵復往乃去郢徙于蔿若蔿若字誤當作鄀按左傳定公六年吳太子終纍敗楚舟師楚子期又以陵師敗於繁陽於是乎遷郢於鄀史世家闔廬十一年吳太子夫差伐楚取番楚恐而去郢徙鄀十一年即定公六年杜預曰終纍闔廬子夫差兄史以爲夫差索隱謂名異而一人耳此書又以爲太子定伐楚拔番而不著其年未詳孰是鄀音若服虔曰楚邑今襄陽也當此之時吳以子胥白喜孫武之謀西破彊楚北威齊晉南伐於越左傳定公

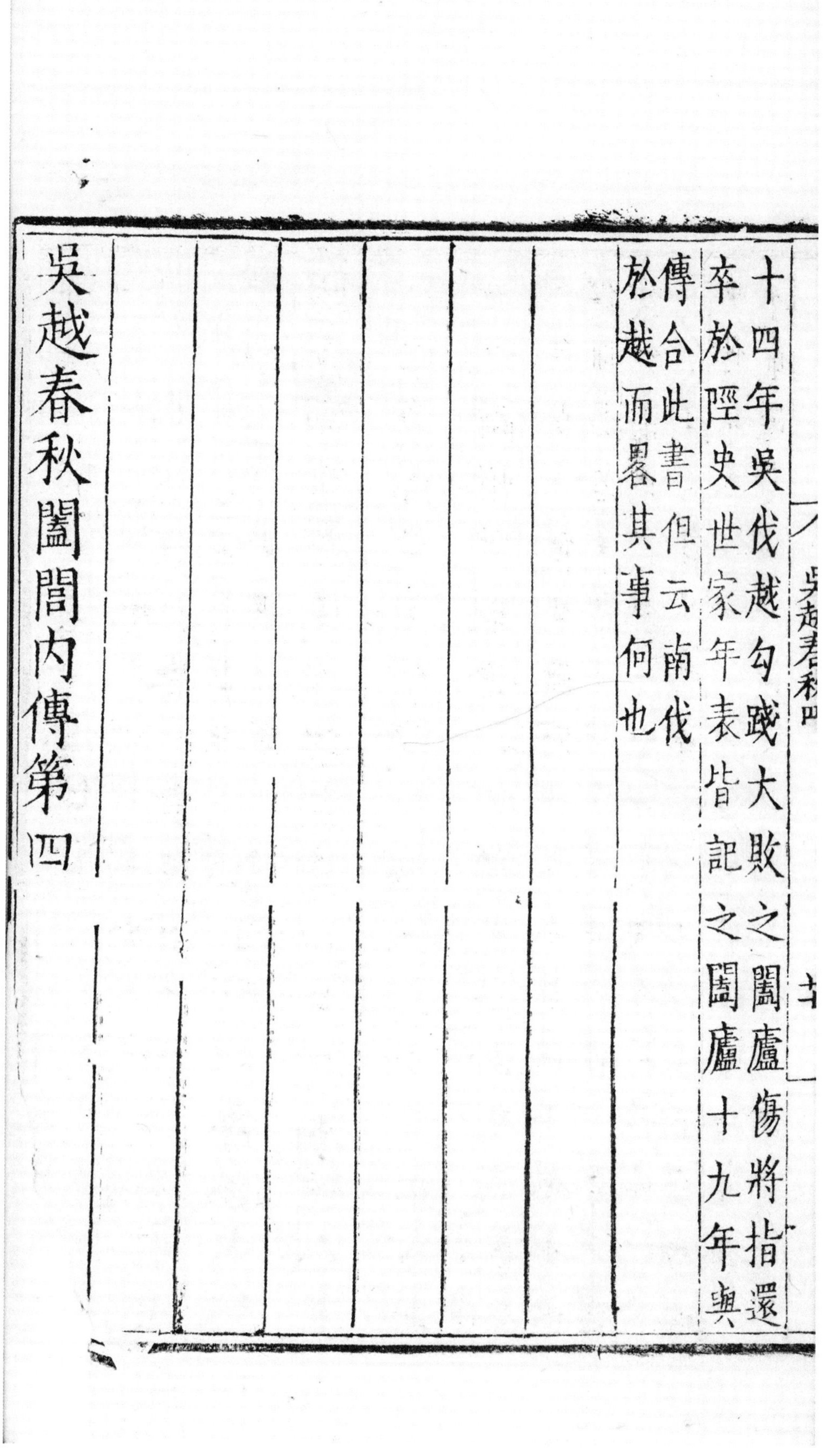

十四年吳伐越勾踐大敗之闔廬傷將指還卒於陘史世家年表皆記之闔廬十九年與傳合此書但云南伐於越而畧其事何也

吳越春秋闔閭內傳第四

吳越春秋夫差內傳第五

十一年夫差檀弓註夫音扶差初皆切穀梁註同北伐齊齊使大夫高氏當是高無平時將上軍謝吳師曰齊孤立於國倉庫空虛民人離散齊以吳為彊輔今未往告急而吳見伐請伏國人於郊不敢陳戰爭之辭惟吳哀齊之不濫也吳師即還左傳哀公九年吳子使來儆師伐齊十年吳子使來復儆師是為夫差十年十一年也此二年方謀伐齊而此書於十一年云夫差北伐齊十二年云夫差復北伐齊是二年間吳再伐齊也與傳不合豈十一年吳嘗伐齊齊謝吳師不敢戰至明年復伐乃有艾陵之戰耶

十二年夫差復北伐齊左傳哀公十一年公會吳子伐齊是爲夫差十二年與此書合史世家乃書之夫差十一年誤也越王聞之率衆以朝於吳而以重寶厚獻太宰嚭嚭喜受越之賂愛信越殊甚日夜爲言於吳王王信用嚭之計伍胥大懼曰是棄吾也乃進諫曰越在心腹之病不前除其疢今信浮辭僞詐而貪齊破齊譬由磐石之田無立其苗也願王釋齊而前越不然悔之無及吳王不聽使子胥使於齊通期戰之會子胥謂其子曰我數

諫王王不我用今見吴之亡矣汝與吾俱亡亡無爲也乃屬其子於齊鮑氏而還（鮑氏鮑牧也屬其子改姓爲王孫氏欲以避吴禍）太宰嚭既與子胥有隙因讒之曰子胥爲彊暴力諫願王少厚焉王曰寡人知之未興師會魯使子貢聘於吴

十三年齊大夫陳成恒欲弑簡公陰憚高國鮑晏（鮑叔牙晏嬰）故前興兵伐魯魯君憂之孔子患之召門人而謂之曰諸侯有相伐者丘常耻之夫魯父母之國也丘墓在焉今齊將伐

之子無意一出耶子路辭出孔子止之子張子石請行孔子弗許子貢辭出孔子遣之子貢北之齊見成恒史記子貢傳作田常因謂曰夫魯者難伐之國而君伐過矣成恒曰魯何難伐也子貢曰其城薄以卑其池狹以淺其君愚而不仁大臣無用士惡甲兵不可與戰君不若伐吳夫吳城厚而崇池廣以深甲堅士選罷飽弩勁又使明大夫守之此易邦也成恒忿然作色曰子之所難人之所易子之所易人

之所難而以教恒何也子貢曰臣聞君三封而三不成者大臣有所不聽者也今君又欲破魯以廣齊隳魯以自尊而君功不與焉是君上驕（越絶驕字下有主心二字爲是子貢傳同）下恣羣臣而求以成大事難矣且夫上驕則犯（子貢傳犯作恣者是）臣驕則爭此君上於王有遽（越絶及子貢傳皆王作主遽作郤郤與隙同）而下與大臣交爭如此則君立於齊危於累卵故曰不如伐吳且吳王剛猛而毅能行其令百姓習於戰守明於法禁齊遇爲擒

必矣今君悉四境之中出大臣以環之人民外死大臣內空是君上無彊敵之臣下無黔首之士孤主制齊者君也陳恒曰善雖然吾兵已在魯之城下矣吾去之吳大臣將有疑我之心爲之柰何子貢曰君按兵無伐請爲君南見吳王請之救魯而伐齊君因以兵迎之陳恒許諾子貢南見吳王謂吳王曰臣聞之王者不絕世而霸者無彊敵千鈞之重加銖而移今萬乘之齊而私千乘之魯而與吳

爭彊臣竊爲君恐焉且夫救魯顯名也伐齊大利也義存亡魯害越（絶義字下有在字害字上有勇在二字爲是）害暴齊而威彊晉則王不疑也吳王曰善雖然吾嘗與越戰棲之會稽入臣於吳不即誅之三年使歸夫越君賢主苦身勞力夜以接日内飾其政外事諸侯必將有報我之心子待我伐越而聽子子貢曰不可夫越之彊不過於魯吳之彊不過於齊主以伐越而不聽臣齊亦已私魯矣且畏小越而惡彊齊不勇也

見小利而忘大害不智也臣聞仁人不因居越絶困居作困厄以廣其德智者不棄時以舉其功王者不絶世以立其義且夫畏越如此臣誠東見越王使出師以從下吏吳王大悅子貢東見越王王聞之除道郊迎身御至舍問曰此僻狹之國蠻夷之民大夫何索然若不辱乃至於此子貢曰君處故來處字不通越絶作弔君故來與下文弔字相應越王勾踐再拜稽首曰孤聞禍與福爲鄰今大夫之弔孤之福矣孤敢不問其說

子貢曰臣今者見吳王告以救魯而伐齊其心畏越且夫無報人之志而使人疑之拙也有報人之意而使人知之殆也事未發而聞之（子貢傳聞之作先聞者是）者危也三者舉事之大忌也越王再拜曰孤少失前人内不自量與吳人戰軍敗身辱遁逃上棲會稽下守海濱唯魚鼈見矣（國語作是見）今大夫辱弔而身見之又發玉聲以教孤孤賴天之賜也敢不承教子貢曰臣聞明主任人不失其能直士舉賢不容

於世故臨財分利則使仁涉患犯難則使勇用智圖國則使賢正天下定諸侯則使聖兵强而不能行其威勢在上位而不能施其政令於下者其君幾乎難矣臣竊自擇可與成功而至王者惟幾乎惟幾乎哉絶作其惟臣幾乎今吴王有伐齊晉之志君無愛重罷以喜其心無惡卑辭以盡其禮而伐齊齊必戰不勝君之福也彼戰而勝必以其兵臨晉騎士鋭兵斃乎齊重寶車騎羽毛盡乎晉則君制其餘矣越

王再拜曰：昔者吳王分其民之衆以殘吾國，殺敗吾民，鄙吾百姓，夷吾宗廟，國爲墟棘，身爲魚鼈（國語鼈下有餌字）。孤之怨吳，深於骨髓，而孤之事吳，如子之畏父，弟之敬兄，此孤之死言也。今大夫有賜，故孤敢以報情（越絕作以疑請首是）。孤身不安重席，口不嘗厚味，目不視美色，耳不聽雅音，既已三年矣。焦脣乾舌，苦身勞力，上事羣臣，下養百姓，願一與吳交戰於天下平原之野，正身臂（越絕作整襟交臂）而奮吳越之士，繼

踵連死肝腦塗地者孤之願也思之三年不
可得也今內量吾國不足以傷吳外事諸侯
而不能也願空國棄羣臣變容貌易姓名執
箕帚養牛馬以事之孤雖知要領不屬手足
異處四支布陳爲鄉邑笑孤之意出焉今大
夫有賜存亡國舉（國語舉作興）死人孤賴矣賜敢
不待令乎子貢曰夫吳王爲人貪功名而不
知利害越王慥然避位子貢曰臣觀吳王爲
數戰伐士卒不恩（國語恩作息）大臣內引讒人益

衆夫子胥爲人精誠中廉外明而知時不以身死隱君之過正言以忠君直行以爲國其身死而不聽太宰嚭爲人智而愚彊而弱巧言利辭以内其身善爲詭詐以事其君知其前而不知其後順君之過以安其私是殘國傷君之佞臣也越王大悅子貢去越王送之金百鎰寶劒一良馬子貢傳馬作矛二子貢不受至吳謂吳王曰臣以下吏之言告於越王越王大恐曰昔者孤身不幸少失前人内不自量

抵罪於吳軍敗身辱逋逃出走棲于會稽國爲墟莽身爲魚鼈越絶鼈下有餌字賴大王之賜使得奉俎豆修祭祀死且不敢忘何謀之敢其志甚恐將使使者來謝於王子貢館五日越使果來曰東海役臣勾踐之使者臣種敢修下吏少聞於左右昔孤不幸少失前人内不自量抵罪上國軍敗身辱逋逃會稽賴王賜得奉祭祀死且不忘今竊聞大王興大義誅彊救弱困暴齊而撫周室故使賤臣以奉前

王所藏甲二十領屈盧之矛步光之劍以賀
君吏若將遂大義獘邑雖小請悉四方之内
士卒三千人以從下吏請躬被堅執銳以前
受矢石君臣死無所恨矣吳王大悅乃召子
貢曰越使果來請出士卒三千其君從之與
寡人伐齊可乎子貢曰不可夫空人之國悉
人之衆又從其君不仁也受幣許其師辭其
君即可吳王許諾子貢去晉見定公曰臣聞
慮不預定不可以應卒兵不預辨不可以勝

敵今吳齊將戰戰而不勝越亂之必矣與戰而勝必以其兵臨晉君爲之柰何定公曰何以待之子貢曰修兵伏卒（子貢傳伏作休）以待之晉君許之子貢返會吳王果與九郡之兵將與齊戰道出胥門因過姑胥之臺忽晝假寐於姑胥之臺而得夢及寤而起其心恬然悵焉乃命太宰嚭告曰寡人晝臥有夢覺而恬然悵焉請占之得無所憂哉夢入章明宮見兩䥶（音歷鬲屬）蒸而不炊兩黑犬嘷以南嘷以北兩

鋘音吳刀名鍉鋘山出金作刀可切玉殖吾宮墻流水湯湯音商流貌越吾宮堂後房鼓震篋篋有鍛工前園橫生梧桐子爲寡人占之太宰嚭曰美哉王之興師伐齊也臣聞章者德鏘鏘也明者破敵聲聞功朗明也兩鑩蒸而不炊者大王聖德氣有餘也兩黑犬嗥以南嗥以北者四夷已服朝諸侯也兩鋘殖宮牆者農夫就成田夫耕也湯湯越宮堂者鄰國貢獻財有餘也後房篋篋鼓震有鍛工者宮女悅樂琴瑟和也

前園横生梧桐者樂府鼓聲也吳王大悅而其心不已召王孫駱問曰寡人忽晝夢爲予陳之王孫駱曰臣鄙淺於道不能博大今王所夢臣不能占其有所知者東掖門亭長長城公弟（越絶長城公弟作越公弟子）公孫聖聖爲人少而好游長而好學多見博觀知鬼神之情狀願王問之王乃遣王孫駱往請公孫聖曰吳王晝卧姑胥之臺忽然感夢覺而悵然使子占之急詣姑胥之臺公孫聖伏地而泣有頃而

起其妻從旁謂聖曰子何性鄙希睹人主卒得急召涕泣如雨公孫聖仰天嘆曰悲哉非子所知也今日壬午時加南方命屬上天不得逃亡非但自哀誠傷吴王妻曰子以道自達於主有道當行上以諫王下以約身今聞急召憂惑潰亂非賢人所宜公孫聖曰愚哉女子之言也吾受道十年隱身避害欲紹壽命不意卒得急召中世自棄故悲與子相離耳遂去詣姑胥臺吴王曰寡人將北伐齊魯

道出胥門過姑胥之臺忽然晝夢子爲占之其言吉凶公孫聖曰臣不言身名全言之必死百段於王前然忠臣不顧其軀乃仰天歎曰臣聞好船者必溺好戰者必亡臣好直言不顧於命願王圖之臣聞章者戰不勝敗走傽偟也明者去昭昭就冥冥也入門見鑪蒸而不炊者大王不得火食也兩黑犬嗥以南嗥以北者黑者陰也北者匿也兩鋘殖宫牆者越軍入吳國伐宗廟掘社稷也流水湯湯

越宮堂者宮空虛也後房鼓震篋篋者坐太息也前園橫生梧桐者梧桐心空不爲用器但爲盲僮（越絶盲作肩僮作當者是）與死人俱葬也願大王按兵修德無伐於齊則可銷也遣下吏太宰嚭王孫駱解冠幘肉袒徒跣稽首謝於勾踐國可安存也身可不死矣吳王聞之索然作怒乃曰吾天之所生神之所使顧力士石番以鐵鎚擊殺之聖乃仰頭向天而言曰吁嗟天知吾之冤乎忠而獲罪身死無辜以葬

我以爲直者不如相隨爲柱提我至深山後世相屬爲聲響於是吳王乃使門人提之蒸丘（一名蒸山又名陽山在吳縣西北三十里）豺狼食汝肉野火燒汝骨東風數至飛揚汝骸骨肉縻爛何能爲聲響哉太宰嚭趨進曰賀大王喜災已滅矣因舉行觴兵可以行吳王乃使太宰嚭爲右校司馬王孫駱爲左校及從勾踐之師伐齊伍子胥聞之諫曰臣聞興十萬之衆奉師千里百姓之費國家之出日數千金不念士民

之死而爭一日之勝臣以爲危國亡身之甚且與賊居不知其禍外復求怨徼幸他國猶治救瘑古禾切疽瘡也疥而棄心腹之疾發當死矣瘑疥皮膚之疾不足患也今齊陵遲千里之外更歷楚趙之界齊爲疾其疥耳越之爲病乃心腹也不發則傷動則有死願大王定越而後圖齊臣之言決矣敢不盡忠臣今年老耳目不聰以狂惑之心無能益國竊觀金匱第八其可傷也吳王曰何謂也子胥曰今年

七月辛亥平旦大王以首事辛歲位也亥陰前之辰也合壬子歲前合也利以行武武决勝矣然德在合斗擊丑丑辛之本也大吉爲白虎而臨辛功曹爲太常所臨亥大吉得辛爲九醜又與白虎并重有人若以此首事前雖小勝後必大敗天地行殃禍不久矣吳王不聽遂九月使太宰嚭伐齊軍臨北郊吳王謂嚭曰行矣無忘有功無赦有罪愛民養士視如赤子與智者謀與仁者友太宰嚭受命

遂行吳王召大夫被離問曰汝常與子胥同心合志并慮一謀寡人興師伐齊子胥獨何言焉被離曰子胥欲盡誠於前王自謂老狂耳目不聰不知當世之所行無益吳國王遂伐齊齊與吳戰於艾陵齊地之上齊師敗績吳王既勝乃使行人成好於齊曰吳王聞齊有沒水之慮帥軍來觀而齊興師蒲草吳不知所安集設陣爲備不意頗傷齊師願結和親而去齊王曰寡人處此北邊無出境之謀今

吳乃濟江淮踰千里而來我壤土戮我衆庶賴上帝哀存國猶不至顛隕王今讓以和親敢不如命吳齊遂盟而去吳王還乃讓子胥曰吾前王履德明逹於上帝垂功用力爲子西結彊讎於楚今前王譬若農夫之艾與刈同漢書項羽傳斬將艾旗賈誼策若艾草菅並音刈殺四方蓬蒿以立名于荆蠻斯亦大夫之力今大夫昬耄而不自安生變起詐怨惡而出出則罪吾士衆亂吾法度欲以妖孽挫衂吾師賴天降哀齊師受

賜寡人豈敢自歸其功乃前王之遺德神靈之祐福也若子於吳則何力焉伍子胥攘臂大怒釋劍而對曰昔吾前王有不庭之臣以能遂疑計不陷於大難今王播棄所患外不憂此孤僮之謀非霸王之事天所未棄必趨其小喜而近其大憂王若覺寤吳國世世存焉若不覺寤吳國之命斯促矣員不忍稱疾辟易乃見王之爲擒員誠前死掛（子胥傳作抉）吾目於門以觀吳國之喪吳王不聽坐於殿上

獨見四人向庭相背而倚王恠而視之羣臣問曰王何所見王曰吾見四人相背而倚聞人言則四分走矣子胥曰如王言將失衆矣吳王怒曰子言不祥子胥曰非惟不祥王亦亡矣後五日吳王復坐殿上望見兩人相對北向人殺南向人王問羣臣見乎曰無所見子胥曰王何見王曰前日所見四人今日又見二人相對北向人殺南向人子胥曰臣聞四人走叛也北向殺南向臣殺君也王不應

吳王置酒文臺之上，羣臣悉在，太宰嚭執政，越王侍坐，子胥在焉。王曰：寡人聞之，君不賤有功之臣，父不憎有力之子。今太宰嚭爲寡人有功，吾將爵之上賞。越王慈仁忠信，以孝事於寡人，吾將復增其國，以還助伐之功。於衆大夫如何？羣臣賀曰：大王躬行至德，虚心養士，羣臣並進，見難爭死，名號顯著，威震四海，有功蒙賞，亡國復存，霸功王事，咸被羣臣。於是子胥據地垂涕曰：於乎哀哉！遭此默默忠臣掩口讒夫在側政敗道壞諂諛無極邪說僞辭以曲爲直舍讒攻忠將滅吳國宗廟既夷社稷不食城郭丘墟殿生荆棘吳王大怒曰老臣多詐爲吳妖孽乃欲專權擅威獨傾吾國寡人以前王之故未忍行法今退自計無沮吳謀子胥曰今臣不忠不信不得爲前王之臣臣不敢愛身恐吾國之亡矣昔者桀殺關龍逢紂殺王子比干今大王誅臣參於桀紂大王勉之臣請辭矣子胥歸謂被離

曰吾貫弓接矢於鄭楚之界越渡江淮自致於斯前王聽從吾計破楚見凌之讎欲報前王之恩而至於此吾非自惜禍將及汝被離曰未諫不聽自殺何益何如亡乎子胥曰亡臣安往吴王聞子胥之怨恨也乃使人賜屬鏤之劍屬鏤劍名鏤力俱切又力矦切子胥受劍徒跣褰裳下堂中庭仰天呼怨曰吾始爲汝父忠臣立吴設謀破楚南服勁越威加諸侯有霸王之功今汝不用吾言反賜我劍吾今日死吴宮

爲墟庭生蔓草越人掘汝社稷安忘我乎昔前王不欲立汝我以死爭之卒得汝之願公子多怨於我我徒有功於吳今乃忘我定國之恩反賜我死豈不謬哉吳王聞之大怒曰汝不忠信爲寡人使齊託汝子於齊鮑氏有我外之心急令自裁孤不使汝得有所見子胥把劍仰天歎曰自我死後後世必以我爲忠上配夏殷之世亦得與龍逢比干爲友遂伏劍而死左傳哀公十一年吳王賜子胥屬鏤以死是爲夫差十二年此書載

其事於十三年或者子胥十二年使齊十三年反役左氏連書之耳吳王乃取子胥屍盛以鴟夷之器子胥傳盛以鴟夷革應劭曰取馬革爲鴟夷鴟夷榼形投之於江中言曰胥汝一死之後何能有知即斷其頭置高樓上謂之曰日月炙汝肉飄風飄汝眼炎光燒汝骨魚鼈食汝肉汝骨變形灰有何所見乃棄其軀投之江中子胥因隨流揚波依潮來往蕩激崩岸於是吳王謂被離曰汝嘗與子胥論寡人之短乃髡被離而刑之王孫駱聞之不朝王召而問

曰子何非寡人而不朝乎駱曰臣恐耳曰子以我殺子胥爲重乎駱曰大王氣高子胥位下王誅之臣命何異於子胥臣以是恐也王曰非聽宰嚭以殺子胥胥圖寡人也駱曰臣聞人君者必有敢諫之臣在上位者必有敢言之交夫子胥先王之老臣也不忠不信不得爲前王臣吳王中心悏然悔殺子胥豈非宰嚭之讒子胥而欲殺之駱曰不可王若殺嚭此爲二子胥也於是不誅

十四年夫差既殺子胥連年不熟民多怨恨吳王復伐齊闕闕義與掘同左傳闕地及泉是也國語解闕穿也爲闌溝於商魯之間北屬蘄國語作沂者是西屬濟欲與魯晉合攻於黃池之上恐羣臣復諫乃令國中曰寡人伐齊有敢諫者死太子友知子胥忠而不用太宰嚭佞而專政欲切言之恐罹尤也乃以諷諫激於王清旦懷丸持彈從後園而來衣祫祫當作洽沾也履濡王怪而問之曰子何爲祫衣濡履體如斯也太子友曰適游

後園聞秋蜩之聲往而觀之夫秋蟬登高樹飲清露隨風撟撓長吟悲鳴自以爲安不知螳蜋超枝緣條曳腰聳距而稷其形夫螳蜋翕心而進志在有利不知黃雀盈綠林徘徊枝陰踙蹴微進欲啄螳蜋夫黃雀但知伺螳蜋之有味不知臣挾彈危擲蹭蹬飛丸而集其背今臣但虛心志在黃雀不知空埳其旁闇忽埳中陷於深井臣故袷體濡履幾爲大王取笑王曰天下之愚莫過於斯但貪前利

不覩後患太子曰天下之愚復有甚者魯承周公之末有孔子之教守仁抱德無欲於鄰國而齊舉兵伐之不愛民命惟有所獲夫齊徒舉而伐魯不知吳悉境內之士盡府庫之財暴師千里而攻之夫吳徒知踰境征伐非吾之國不知越王將選死士出三江之口三江一說松江錢塘浦陽江也吳郡賦註松江下七十里分流東北入海者爲婁江東南流者爲東江併松江爲三江今其地亦名三江口即范蠡乘舟所出之地入五湖之中五湖一說貢湖遊湖胥湖梅梁湖金鼎湖也韋昭曰胥湖蠡湖洮湖滆湖就太湖而

五虞翻云太湖之水通五道謂之五湖屠我吳國滅我吳宮天下之危莫過於斯也吳王不聽太子之諫遂北伐齊越王聞吳王伐齊使范蠡洩庸率師屯海通江以絕吳路敗太子友於始熊夷始當作姑國語敗王子友於姑熊夷韋昭解姑熊夷吳郊也通江淮轉襲吳遂入吳國燒姑胥臺徙其大舟即餘皇舟也吳敗齊師於艾陵之上還師臨晉與定公爭長未合邊候吳王夫差大懼合諸侯謀曰吾道遼遠無會前進孰利王孫駱曰不如前進則執

諸侯之柄以求其志請王屬士以明其令勸之以高位辱之以不從令各盡其死夫差昏秣馬食音飼士服兵被甲勒馬銜枚出火於造闔行而進吳師皆文犀長盾扁諸之劍闔廬既鑄成干將莫耶二劍餘鑄得三千並號扁諸之劍方陣而行中校之軍皆白裳白髦素甲素羽之矰短矢韋昭曰矢名望之若荼周禮望而眂之欲其荼白也註韋華遠眂之當如茅莠之色詩有女如荼箋荼英荼也孔氏曰荼是茅草秀出之穗英是白貌王親秉鉞戴旗以陣而立左軍皆赤裳赤髦丹甲朱羽之矰望之

若火右軍皆玄裳玄輿黑甲烏羽之矰望之如墨帶甲三萬六千鷄鳴而定陣去晉軍一里天尚未明王乃親鳴金鼓三軍譁吟以振其旅其聲動天徙地晉大驚不出反距堅壘乃令童褐請軍國語作董褐請事董褐晉大夫司馬演也請問也晉曰兩軍邉國語作偪兵接好日中無期今大國越次而造獘邑之軍壘敢請辭故國語辭作亂謂先期亂次之故吳王親對曰天子有命周室卑弱約諸侯貢獻莫入王府上帝鬼神而不可以告無姬姓

之所振懼，遣使來告，冠蓋不絕於道。始周依
負於晉，故忽於夷狄。會晉今反叛如斯，吾是
以蒲服就君（史記范雎傳膝行蒲服，詩匍匐救之，檀弓作扶服，其義皆同，言盡力也），不
肯長弟，徒以爭彊。孤進不敢去，君不
命長，爲諸侯笑。孤之事君決（決字疑衍）在今日，不
得事君命（命字當作亦）在今日矣。敢煩使者往來，
孤躬親聽命於藩籬之外。」童褐將還，吳王躡
左足與褐決矣。及報，與諸侯大夫列坐於晉
定公前。既以通命，乃告趙鞅曰：「臣觀吳王之

色類有大憂小則嬖妾嫡子死否則吳國有難大則越人入不得還也其意有愁毒之憂進退輕難不可與戰主君宜許之以前期無以爭行而危國也然不可徒許必明其信趙鞅許諾入謁定公曰姬姓於周吳爲先老可長以盡國禮定公許諾命童褐復命於是吳王愧晉之義乃退幕而會二國君臣並在吳王稱公前（國語前字下有軟字）晉侯次之羣臣畢盟吳旣長晉而還未踰於黃池越聞吳王久留未

歸乃悉士衆將踰章山章山即禹貢所謂内方在江夏郡竟陵縣東北今荆門長林縣濟三江而欲伐之吴又恐齊宋之爲害乃命王孫駱告勞于周曰昔楚不承供貢辟遠兄弟之國吾前君闔閭不忍其惡帶劍挺鈹與楚昭王相逐於中原天舍其忠國語作衷楚師敗績今齊不賢國語作鑒於楚又不恭王命以遠辟兄弟之國夫差不忍其惡被甲帶劍徑至艾陵天福於吴齊師還鋒而退夫差豈敢自多其功是文武之德所祐助時歸吴

不熟於歲遂緣江泝淮（緣當作沿順流而下泝逆流而上）開溝深水出於商魯之間而歸告於天子執事周王荅曰伯父令子來乎盟國一人則依矣余實嘉之伯父若能輔余一人則兼受永福周室何憂焉乃賜弓弩王作以增號謚（已上所記與國語大同小異惟太子友之諫國語不載）吳王還歸自池（池字上當有黃字）息民散兵

二十年越王興師伐吳吳與越戰於檇李吳師大敗軍散死者不可勝計越追破吳吳王

困急使王孫駱稽首請成如越之來也越王
對曰昔天以越賜吳吳不受也今天以吳賜
越其可逆乎吾請獻勾甬東之地（勾句章甬甬江東東
境也杜預曰甬東會稽句章縣東海中洲也今鄮縣境句音勾又九具切）吾與君
爲二君乎吳王曰吾之在周禮前王一飯如
越王不忘周室之義而使爲附邑亦寡人之
願也行人請成列國之義惟君王有意焉大
夫種曰吳爲無道今幸擒之願王制其命越
王曰吾將殘汝社稷夷汝宗廟吳王默然請

成七反越王不聽

二十三年十月越王復伐吳魯哀公十二年十七年越一再伐吳二十年越圍吳皆夫差十四年十八年二十一年事此書皆不載史於夫差二十年書越復伐吳乃哀公十九年也傳止云侵楚誤吳杜預解誤吳使不爲備初無伐吳事此云越復伐吳即哀公二十二年傳書越滅吳之歲也吳國困不戰士卒分散城門不守遂屠吳吳王率羣臣遁去晝馳夜走三日三夕達於秦餘杭山即陽山別名胷中愁憂目視茫茫行步猖狂腹餒口饑顧得生稻而食之伏地而飲水顧左右曰此何名

也對曰是生稻也吳王曰是公孫聖所言不得火食走偉偟也王孫駱曰飽食而去前有胥山在吳縣西四十里子胥傳云吳王取子胥屍浮之江中吳人憐之爲立祠於江上因命曰胥山寰宇記亦同西坂中可以匿止王行有頃因得生瓜已熟吳王掇而食之謂左右曰何冬而生瓜近道人不食何也左右曰謂糞種之物人不食也吳王曰何謂糞種左右曰盛夏之時人食生瓜起居道傍子復生秋霜惡之故不食吳王歎曰子胥所謂旦食者也謂

太宰嚭曰吾戮公孫聖投胥山之巔吾以畏責天下之慙吾足不能進心不能往太宰嚭曰死與生敗與成故有避乎王曰然曾無所知乎子試前呼之聖在當即有應吳王止秦餘杭山呼曰公孫聖三反呼聖從山中應曰公孫聖三呼三應吳王仰天呼曰寡人豈可返乎寡人世世得聖也得字下當有事字越絕云今寡人得邦誠世世相事須臾越兵至三圍吳范蠡在中行左手提鼓右手操枹而鼓之吳王書其矢而射種

蠡之軍辭曰吾聞狡兎以死良犬就烹敵國如滅謀臣必亡今吳病矣大夫何慮乎大夫種相國蠡急而攻大夫種書矢射之曰上天蒼蒼若存若亡越君勾踐下臣種敢言之昔天以越賜吳吳不肯受是天所反勾踐敬天而功既得返國今上天報越之功敬而受之不敢忘也且吳有大過六以至於亡王知之乎有忠臣伍子胥忠諫而身死大過一也公孫聖直說而無功大過二也太宰嚭愚而佞

絕滅越而聽其成

言輕而讒諛妄語恣口聽而用之大過三也夫齊晉無返逆行無僭侈之過而吳伐二國辱君臣毀社稷大過四也且吳與越同音共律上合星宿下共一理而吳侵伐大過五也昔越親戕吳之前王罪莫大焉而幸伐之不從天命而棄其仇後爲大患大過六也徐天祜曰夫差惑於宰嚭之言忘父之讎釋越不誅爲不孝然在越則幸矣越欲責吳若曰囚辱吾君與君夫人使坐爲養馬給水除糞猶爲有辭今而曰越之罪莫大焉而以吳赦越爲大過種也無乃失辭乎越王謹上刻青天敢不如命大夫

種謂越君曰中冬氣定天將殺戮不行天殺反受其殃越王敬拜曰諾今圖吴王將爲何如大夫種曰君被五勝之衣帶步光之劍仗屈盧之矛瞋目大言以執之越王曰諾乃如大夫種辭吴王曰誠以今日聞命言有頃吴王不自殺越王復使謂曰何王之忍辱厚恥也世無萬歲之君死生一也今子尚有遺榮何必使吾師衆加刄於王吴王仍未肯自殺勾踐謂種蠡曰二子何不誅之種蠡曰臣人

臣之位不敢加誅於人主願主急而命之天誅當行不可久留越王復瞋目怒曰死者人之所惡惡者無罪於天不負於人今君抱六過之罪不知愧辱而欲求生豈不鄙哉吴王乃太息四顧而望言曰諾乃引劍而伏之死越王謂太宰嚭曰子爲臣不忠無信亡國滅君乃誅嚭幷妻子吴世家曰越王滅吴誅太宰嚭越世家亦曰越王乃葬吴王而誅太宰嚭此書又云幷誅其妻子則吴王之自殺也嚭亦同時就誅矣徐天祜曰愚按越滅吴之後二年是爲哀公二十四年公如越將妻公而多與之地季孫懼使因

太宰嚭而納賂焉乃止然則吳之亡也嚭遂臣越夫固無恙也史世家及此書所載何其與左氏相戾也且嚭貪而佞至於亡國喪君死有餘戮越人既生之又從而信任之豈以其實嘗私越而不以其不忠爲罪耶漢丁公之戮可以教天下之爲人臣者越於是乎失刑矣吳王臨欲伏劍顧謂左右曰吾生既慚死亦愧矣使死者有知吾羞前君地下不忍覩忠臣伍子胥及公孫聖使其無知吾負於生死必連繴國語組字上有結字組以罩吾目恐其不蔽願復重羅繡三幅以爲掩明生不昭我死勿見我形吾何可哉越王乃葬吳王以禮於秦

餘杭山卑猶越絕曰夫差冢在猶亭西卑猶位近太湖去縣十七里索隱曰猶亭亭名卑猶位三字共爲地名吳地記曰餘杭山一名卑猶山是也越王使軍士集于我戎之功人一隰越絕隰作累土以葬之宰嚭亦葬卑猶之旁越絕言宰嚭之死者五日擒夫差殺太宰嚭曰殺太宰嚭逢同與其妻子曰殺夫差而戮其相曰殺太宰嚭戮其妻子曰禽夫差而戮太宰嚭與其妻子又曰三臺者嚭妻子死所也常疑越絕書非子貢作特後人托名耳何以知其非子貢作越絕內傳於說陳成恒之事終之曰子貢一出存魯亂齊破吳彊晉霸越是也斯言也乃後之人多其功是非子貢之言也且他文亦不類或者所載未必盡實宰嚭得保首領以沒蓋幸而免前既備論之矣凡書謂亦葬卑猶之旁豈其後嚭死於

越而返葬於吳耶然吳時諸冢墓如巫臣要離干將之類皆具載圖志獨不及宰嚭冢何也

吳越春秋夫差内傳第五

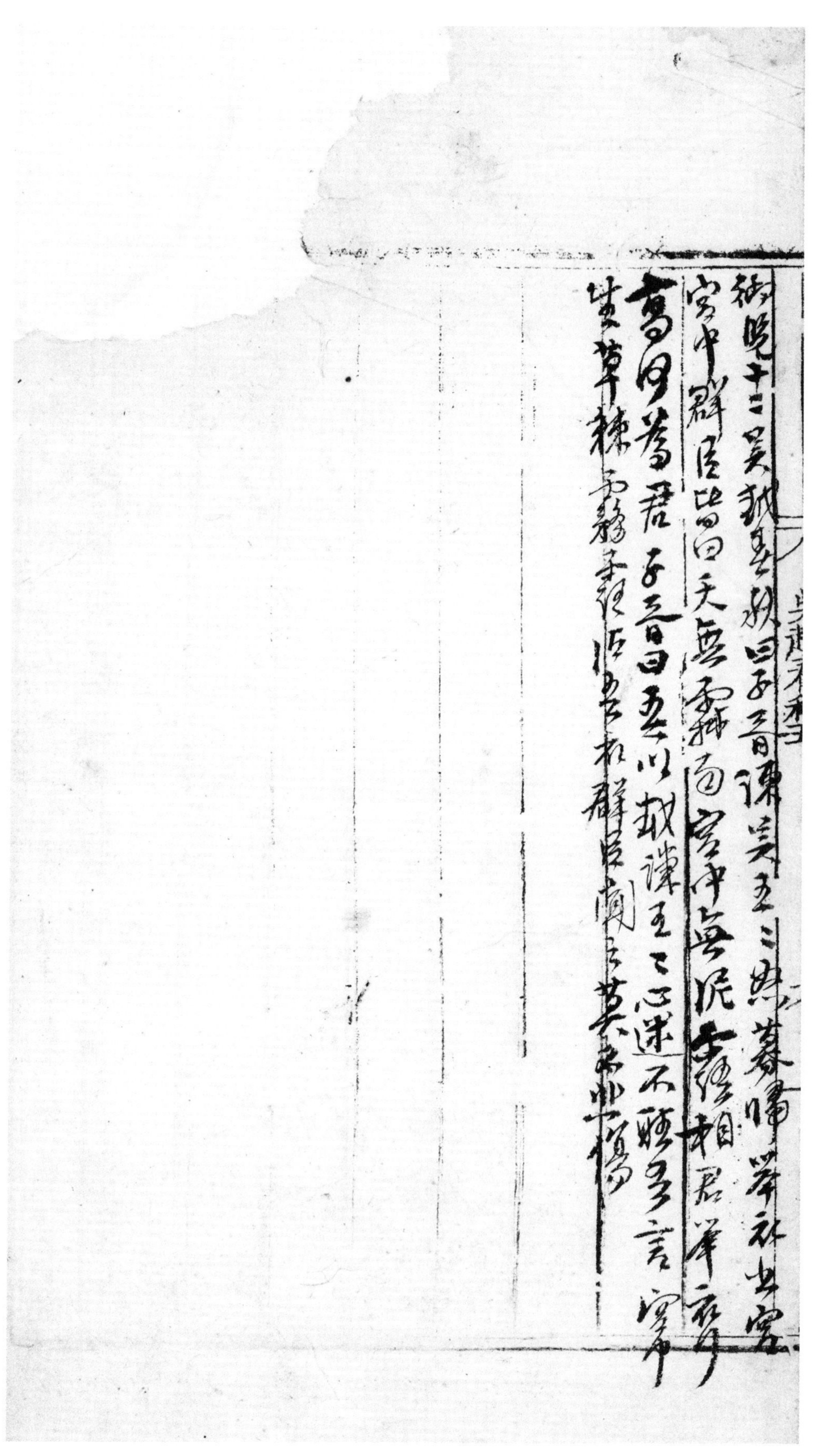

藝文類聚八　吳越春秋曰闔閭葬于國西北名虎丘穿土為川積壤為丘發五都之士十萬人共治千里
使象摙土鑿地四周水深丈餘槨三重傾水銀為池池廣六十步黃金珠玉為鳧雁扁諸之劍魚腸三千
在焉葬之已三日金精上揚為白虎據墳故曰虎丘

初學記廿四　趙曄吳越春秋曰堯聽四岳之言用鯀修水鯀曰帝遣天殃頑黎不康乃築城造郭以為國固

吳越春秋越王無余外傳第六

後漢　趙　曄　撰

越之前君無余者無余禹之六世孫少康之庶子也初受封於越越舊經作無餘夏禹之末封也禹父鯀者帝顓頊之後帝王世紀曰鯀帝顓頊之子字熙連山易曰鯀封於崇故國語謂之崇伯鯀史記曰鯀之父帝顓頊世本亦以鯀爲顓頊子漢律歷志則曰顓頊五世而生鯀通鑑外紀從之古史曰太史公以鯀爲顓頊之子其世太遠堙固以爲五世孫近得之此書以爲顓頊之後曰後者可以通子孫言之也鯀娶於有莘氏之女名曰女嬉年壯未孳嬉於砥山得薏苡而吞之意若爲

人所感因而妣孕剖脅而產高密世本曰鯀娶有辛氏女謂之女志是生高密宋忠曰高密禹所封國世紀曰鯀妻脩已見流星貫昴夢接意感又吞神珠薏苡而生禹名文命字密史記以文命爲禹之名孔安國謂禹爲名張晏謂禹爲字今並存之家于西羌地曰石紐石紐在蜀西川也在茂州石泉縣其地有禹廟郡人相傳禹以六月六日生元和郡縣志禹汶山廣柔人生於石紐村水經註縣有石紐鄉禹所生也廣柔即今石泉軍帝堯之時遭洪水滔滔天下沉漬九州閼塞四瀆壅閉帝乃憂中國之不康悼黎元之罹咎乃命四嶽乃舉賢良將任治水自中國至于條方莫

薦人帝靡所任四嶽乃舉鯀而薦之於堯帝曰鯀負命毀族不可尚書堯典作方命圮族史記堯本紀作負命毀族正義曰負音佩違也鯀性狼戾違負教命毀敗善類不可用也四嶽曰等之群臣未有如鯀者堯用治水受命九載功不成帝怒曰朕知不能也乃更求之得舜使攝行天子之政巡狩觀鯀之治水無有形狀乃殛鯀于羽山地志在東海郡祝其縣南今海州朐山縣鯀投于水化爲黃能能或作熊因爲羽淵之神左傳昭公七年晉侯有疾夢黃熊入於寢門子產曰昔堯殛鯀於羽山其神化爲黃熊以入于羽淵杜預解熊

音雄獸名亦作能如字一音奴來切三足鼈也按說文及字林皆云能熊屬足似鹿然則能既能熊屬又爲鼈類作能者勝也東海人祭禹廟不用熊白及鼈爲膳豈鯀化爲二物乎

舜與四嶽舉鯀之子高密四嶽謂禹曰舜以治水無功舉爾嗣考之勳禹曰俞小子敢悉考績以統天意惟委委字下當有任字而已禹傷父功不成循江泝河盡濟甄甄字不通疑暨字之誤淮乃勞身焦思以行七年聞樂不聽過門不入冠挂不顧履遺不躡功未及成愁然沉思乃案黃帝中經曆蓋聖人所記曰在于九山東南

天柱，號曰宛委，在會稽縣東南十五里，一名玉笥山。赤帝在闕。其巖之巔，承以文玉，覆以磐石，其書金簡，青玉爲字，編以白銀，皆瑑其文。禹乃東巡，登衡嶽，血白馬以祭，不幸所求。禹乃登山，仰天而嘯，因夢見赤繡衣男子，自稱玄夷蒼水使者，聞帝使文命于斯，故來候之。非厥歲月，將告以期，無爲戲吟。故倚歌覆釜之山，輿地志：會稽山有石狀如覆甑，謂之覆甑山，一名釜山，甑亦作釜。史黃帝本紀曰：合符釜山。索隱以爲合諸侯符契圭瑞而朝之於釜山，在嬀州懷戎縣北三里，非此之釜山也。東顧謂禹曰欲得我山神書者齋於黃帝巖嶽之下三月庚子登山發石金簡之書存矣禹退又齋三月庚子登宛委山發金簡之書案金簡玉字得通水之理徐天祐曰禹未嘗兩至越其至越在會計之時非治水時也禹貢記南方山川多與今不合禹治水時未嘗親至南方故也孟子曰禹八年于外而禹貢云作十有三載乃同或者以為此禹治水之年通鯀九載言之也馬融曰禹治水三年而八州平是十二年而八州平十三年而兗州平兗州平在舜受終之年然則禹之成功不過三四年間耳此書謂勞身焦思七年功未及成乃東巡登宛委發金簡之書得通水之理使禹之治水七年而後得神書始知通水之理不已迂乎諸若此類蓋傳疑尚矣

復返歸嶽乘四載陸行乘車水行乘船泥行乘橇山行乘欙欙音蕝橇丘遥切以行川始於霍山南嶽衡山又名霍山泰與岱衡與霍皆一山二名徊集五嶽詩云信彼南山惟禹甸之遂巡行四瀆與益夔共謀行到名山大澤召其神而問之山川脉理金玉所有鳥獸昆蟲之類及八方之民俗殊國異域土地里數使益疏而記之故名之曰山海經禹三十未娶行到塗山會稽志塗山在山陰縣西北四十五里蘇鶚演義塗山有四一會稽二渝州巴南舊江州三濠州四當塗縣按左氏昭公四年傳穆有塗山之會哀公七年傳禹合

諸侯于塗山杜預解並云在壽春東北說者曰今濠州也柳宗元塗山銘序曰周穆退追遺法復會于是山然則禹與穆王皆嘗會諸侯於塗山矣然非必皆壽春也若禹之所娶則未詳何地水經注江州縣水北岸有塗山南有夏禹廟塗君祠廟銘存焉常璩庾仲雍並言禹娶於此越絶等書乃云禹娶一會稽塗山應劭曰在永興北永興今蕭山縣也又與郡志所載不同蓋會稽實禹會侯計功之地非所娶之國下文兼載白狐九尾之異尤爲可疑恐時之暮失其度制乃辭云吾娶也必有應矣乃有白狐九尾造於禹禹曰白者吾之服也其九尾者王之證也塗山之歌曰綏綏白狐九尾痝痝我家嘉夷來賓爲王成家

成室我造彼昌天人之際於兹則行明矣哉禹因娶塗山謂之女嬌取辛壬癸甲吕氏春秋曰禹娶塗山氏女不以私害公自辛至甲四日復往治水禹行十月女嬌生子啓啓生不見父晝夕呱呱啼泣禹行使大章步東西竪亥度南北淮南子禹使太章步自東極至于西垂竪亥步自南極盡於北垂許慎曰太章竪亥善行人皆禹臣暢入極之廣旋天地之數禹濟江南省水理黃龍負舟舟中人怖駭禹乃啞烏格切笑聲易震卦笑言啞啞音同然而笑曰我受命於天竭力以勞萬民生性也死命也

爾何爲者顔色不變謂舟人曰此天所以爲
我用龍曳尾舍舟而去南到計於蒼梧檀弓舜葬于蒼梧之野史記舜死於蒼梧之野葬於九疑今九疑山在道州寧遠縣南六十里亦名蒼梧山而見縛人禹拊其背而哭益曰斯人犯
法自合如此哭之何也禹曰天下有道民不
罹辜天下無道罪及善人吾聞一男不耕有
受其饑一女不桑有受其寒吾爲帝統治水
土調民安居使得其所今乃罹法如斯此吾
德薄不能化民證也故哭之悲耳於是周行

寓内東造絶迹西延積石（地志在金城郡河關縣西南今鄯州龍支縣界）南踰赤岓（水經新安縣南白石山水名廣陽山水曰赤岓水）北過寒谷（劉向别録燕有黍谷地美而寒不生五穀鄒子居之吹律而温氣至左思賦寒谷豐黍吹律以煖之）佪崑崘（崑崘說曰崑崘之山三級下曰樊桐一名板松中曰玄圃一名閬風上曰層城一名天庭地理志在臨羌西即河源所出）察六扈脈地理名金石寫流沙於西隅（地理志流沙在居延西北杜佑曰在沙州西八十里其沙隨風流行故曰流沙）決弱水於北漢（地理志弱水在張掖郡删丹縣桺宗元曰水散渙無力不能負芥投之則委靡墊没及底而後止故曰弱）青泉赤淵分入洞穴通江東流至於碣石

地志在北平郡驪戎縣西南今平州之南疏九河於潛淵開五水於東北鑿龍門地志在馮翊夏陽縣今河中府龍門縣闢伊闕在洛陽西南五十里禹疏以通水兩山相對望之若闕伊水歷其間北流故曰伊闕平易相土觀地分州殊方各進有所納貢民去崎嶇歸於中國堯曰俞以固冀於此乃號禹曰伯禹官曰司空賜姓姒氏領統州伯以巡十二部堯崩禹服三年之喪如喪考妣晝哭夜泣氣不屬聲堯禪位于舜舜薦大禹改官司徒內輔虞位外行九伯舜崩禪位命禹禹

服三年形體枯槁面目黎黑讓位商均退處陽山之南史記註劉熙曰今潁川陽城是也陰阿之北萬民不附商均追就禹之所狀若驚鳥揚天駭魚入淵晝歌夜吟登高號呼曰禹棄我如何所戴禹三年服畢哀民不得已即天子之位三載考功五年政定周行天下歸還大越登茅山史記註禹到大越上苗山十道志會稽山本名茅山一名苗山以朝四方羣臣觀示中州諸侯防風後至斬以示衆示天下悉屬禹也乃大會計治國之道內美釜

山州慎慎當作鎮之功外演聖德以應天心遂更名茅山曰會稽之山因傳國政休養萬民國號曰夏后封有功爵有德惡無細而不誅功無微而不賞天下喁喁若兒思母子歸父而畱越恐羣臣不從言曰吾聞食其實者不傷其枝飲其水者不濁其流吾獲覆釜之書得以除天下之災令民歸於里閭其德彰彰若斯豈可忘乎乃納言聽諫安民治室居靡山伐木爲邑畫作印横木爲門調權衡平斗斛

造井示民以爲法度鳳凰棲於樹鸞鳥巢於側麒麟步於庭百鳥佃於澤遂已耆艾將老歎曰吾晏歲年暮壽將盡矣止絶斯矣命羣臣曰吾百世之後葬我會稽之山葦椁桐棺（墨子曰禹葬會稽衣衾三領桐棺三十）穿壙七尺下無及泉墳高三尺土階三等葬之後曰無改畝以爲居之者樂爲之者苦禹崩之後衆瑞並去天美禹德而勞其功使百鳥還爲民田大小有差進退有行一盛一衰往來有常禹崩傳位與

益益服三年思禹未嘗不言喪畢益避禹之子啓於箕山之陽史記註劉熙曰嵩高之北諸侯去益而朝啓曰吾君帝禹子也啓遂即天子之位治國於夏邊禹貢之實悉九州之土以種五穀累歲不絕啓使使以歲時春秋而祭禹於越立宗廟於南山之上禹以下六世而得帝少康少康恐禹祭之絕祀乃封其庶子於越號曰無余余始受封人民山居雖有鳥田之利地理志山上有禹井禹祠相傳下有羣鳥耘田也水經註鳥爲之耘春拔草根秋啄其穢

租貢纔給宗廟祭祀之費乃復隨陵陸而耕種或逐禽鹿而給食無余質朴不設宮室之飾從民所居春秋祠禹墓於會稽（皇覽曰禹冢在會稽山上）無余傳世十餘末君微劣不能自立轉從衆庶爲編戶之民禹祀斷絶十有餘歲有人生而言語其語曰鳥禽呼嚥喋嚥喋指天向禹墓曰我是無余君之苗末我方修前君祭祀復我禹墓之祀爲民請福於天以通鬼神之道衆民悅喜皆助奉禹祭四時致貢因共

封立以承越君之後復夏王之祭安集鳥田之瑞以爲百姓請命自後稍有君臣之義號曰無壬壬生無曎曎專心守國不失上天之命無曎卒或爲夫譚夫譚生元常元當作允常立當吳王壽夢諸樊闔閭之時越之興霸自元常矣。越世家二十餘世至於允常高氏越史曰夏自少康至桀凡十二世按少康元年壬午至周敬王元年壬午凡一千五百六十一年吳之伐越見春秋昭公三十二年敬王十年也至是一千五百七十年矣越之傳國至於允常何止二十餘世耶

吳越春秋越王無余外傳第六

吳越春秋勾踐入臣外傳第七

越王勾踐五年五月與大夫種范蠡呂氏春秋高誘解范蠡楚三戶人也字少伯大夫種姓文氏字會楚之鄒人按鄒本邾子之國此云楚之鄒人蓋鄒爲楚所幷爾又太史公素王妙論曰范蠡本南陽人列仙傳云徐人索隱曰大夫官種名也一云大夫姓猶司馬司空之比今按大夫官名如以爲姓也則大夫逢同大夫皋如等豈皆其姓耶入臣於吳羣臣皆送至浙江之上臨水祖道祖餞行也軍陣固陵范蠡教兵城也水經註浙江又逕固陵城北昔范蠡築城於浙江之濱言可以固守謂之固陵今之西陵也即今西興

大夫文種前爲祝其詞曰皇天祐助前沉後

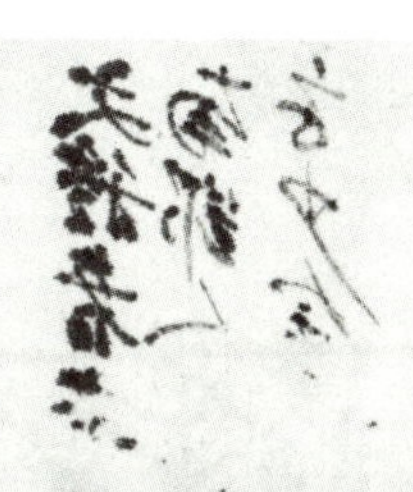

揚禍爲德根憂爲福堂威人者滅服從者昌
王雖牽致其後無殃君臣生離感動上皇衆
夫哀悲莫不感傷臣請薦脯行酒二觴越王
仰天太息舉杯垂涕默無所言種復前祝曰
大王德壽無疆無極乾坤受靈神祇輔翼我
王厚之祉祐在側德銷百殃利受其福去彼
吳庭來歸越國觴酒既升請稱萬歲越王曰
孤承前王餘德守國於邊幸蒙諸大夫之謀
遂保前王丘墓今遭辱恥爲天下笑將孤之

罪耶諸大夫之責也吾不知其咎願三三子論其意大夫扶同（史記作逢同）曰何言之鄙也昔湯繫於夏臺（史夏紀桀曰吾悔不遂殺湯於夏臺索隱夏臺獄名夏曰均臺皇甫謐云地在陽翟）伊尹不離其側文王囚於石室（地理志河内湯陰有羑里城西伯所拘處此云石室疑即所囚之室也羑音酉）太公不棄其國興衰在天存亡繫於人湯改儀而媚於桀文王服從而幸於紂夏殷恃力而虐二聖兩君屈己以得天道故湯王不以窮自傷周文不以困爲病越王曰昔堯任舜禹而天

下治雖有洪水之害不爲人災變異不及於民豈況於人君乎大夫苦成曰不如君王之言天有曆數德有薄厚黃帝不讓堯傳天子三王臣弑其君五霸子弑其父德有廣狹氣有高下今之世猶人之市置貨以設詐抱謀以待敵不幸陷厄求伸而巳大王不覽於斯而懷喜怒越王曰任人者不辱身自用者危其國大夫皆前圖未然之端傾敵破讎坐招泰山之福今寡人守窮若斯而云湯文困厄

後必霸何言之違禮儀夫君子爭寸陰而棄珠玉今寡人冀得免於軍旅之憂而復反係獲（獲當作於）敵人之手身爲傭隸妻爲僕妾往而不返客死敵國若魂魄有（此下當有知字）愧於前君其無知體骨棄捐何大夫之言不合於寡人之意於是大夫種范蠡曰聞古人曰居不幽志不廣形不愁思不遠聖王賢主皆遇困厄之難蒙不赦之耻身居而名尊軀辱而聲榮處卑而不以爲惡居危而不以爲薄五帝德

厚而（而當作無）窮厄之恨，然尚有泛濫之憂（此下疑有闕文）。三守暴困之辱，不離三獄之困，泣涕而受冤，行哭而爲隸，演易作卦（司馬遷書：西伯拘而演周易），天道祐之，時過於期，否終則泰，諸侯並救，王命見符，朱鬣玄狐（太公六韜曰：商王拘周伯昌於羑里，太公與散宜生以金十鎰求天下珍物以免君之罪，於是得犬戎氏文馬，豪毛朱鬣，目如黃金，名鷄斯之乘。又淮南子曰：散宜生以十金得騶虞之乘，玄玉百穀，大貝百朋，玄豹黃熊青犴白虎文皮千合，獻紂以免西伯羑里之囚。此云玄狐，當作玄豹）。輔臣結髮，拆獄破械，反國修德，遂討其讎，擢假海內，若覆手背。

天下宗之功垂萬世大王屈厄臣誠盡謀夫截骨之劍無削剟之利負鐵之矛無分髮之便建策之士無暴興之說今臣遂天文案墜籍二氣共萌存亡異處彼興則我辱我霸則彼亡二國爭道未知所就君王之危天道之數何必自傷哉夫吉者凶之門福者禍之根今大王雖在危困之際孰知其非暢達之兆哉大夫計硯越絕硯作倪史貨殖傳越王勾踐困於會稽之上乃用范蠡計然註徐廣曰計然者范蠡之師也名研故諺曰研桑心筭裴駰案范子曰計然者葵丘濮

上人姓辛氏字文子其先晉國亡公子也南游於越范蠡師事之蔡謨曰蠡所著書名計然蓋非也漢書古今人表計然列在第四倪與研聲相近而相亂耳曰今君王國於會稽窮於入吳言悲辭苦羣臣泣之雖則恨悷之心莫不感動而君王何爲謾辭譁說用而相欺臣誠不取越王曰寡人將去入吳以國累諸侯大夫願各自述吾將屬焉大夫臯如曰臣聞大夫種忠而善慮民親其知士樂爲用今委國一人其道必守何順心佛命羣臣佛符勿切大也詩佛時仔肩音弼註亦作大言一人足矣何必從心所欲

大命臣也群大夫曳庸左傳作后庸國語作舌庸曰大夫文種者國之梁棟君之爪牙夫驥不可與匹馳日月不可並照君王委國於種則萬綱千紀無不舉者越王曰夫國者前王之國孤力弱勢劣不能遵守社稷奉承宗廟吾聞父死子代君亡臣親今事棄諸大夫客官於吳委國歸民以付二三子吾之由也亦子之憂也君臣同道父子共氣天性自然豈得以在者盡忠亡者爲不信乎何諸大夫論事一合一離令

孤懷心不定也夫推國任賢度功績成者君之命也奉教順理不失分黏者臣之職也吾顧諸大夫以其所能而云委質而已於乎悲哉計硯曰君王所陳者固其理也昔湯入夏付國於文祀西伯之殷委國於二老今懷夏將滯志在於還夫適市之妻教嗣糞除出亡之君勑臣守禦子問以事臣謀以能今君王欲士之所志各陳其情舉其能者議其宜也越王曰大夫之論是也吾將逝矣願願下當有聞字

諸君之風大夫種曰夫内修封疆之役外修耕戰之備荒無遺土百姓親附臣之事也大夫范蠡曰輔危主存亡國不耻屈厄之難安守被辱之地往而必反與君復讎者臣之事也大夫苦成曰發君之令明君之德窮與俱厄進與俱霸統煩理亂使民知分去聲臣之事也大夫曳庸曰奉令受使結和諸侯通命達旨賂往遺來解憂釋患使無所疑出不忘命入不被尤臣之事也大夫皓進曰一心齊志

吳越春秋七　六

上與等之下不違令動從君命修德履義守信溫故臨非決疑君誤臣諫直心不撓舉過列平不阿親戚不私於外推身致君終始一分臣之事也大夫諸稽郢曰望敵設陣飛矢揚兵履腹涉屍血流滂滂貪進不退二師相當破敵攻衆威凌百邦臣之事也大夫皐如曰修德行惠撫慰百姓身臨憂勞動輒躬親弔死存疾救活民命蓄陳儲新食不二味國富民實爲君養器臣之事也大夫計硯曰候

天察地紀歷陰陽觀變參災分別妖祥日月
含色五精錯行福見知吉妖出知凶臣之事
也越王曰孤雖入於北國爲吳窮虜有諸大
夫懷德抱術各守一分以保社稷孤何憂焉
遂別於浙江之上羣臣垂泣莫不咸哀越王
仰天歎曰死者人之所畏若孤之聞死其於
心胷中會無怵惕遂登船徑去終不返顧越
王夫人乃據船哭顧烏鵲啄江渚之蝦飛去
復來因哭而歌之曰仰飛鳥兮烏鳶凌玄虛

號（號當作兮）翩翩集洲渚兮優恣啄蝦矯翮兮雲間任厥（此闕一字）兮往還妾無罪兮負地有何辜兮譴天颿颿（凡梵兩音馬疾步）獨兮西往孰知返兮何年心惙惙（憂也詩憂心惙惙）兮若割淚泫泫（胡犬切淚流貌）兮雙懸又哀今曰彼飛鳥兮鳶烏已迴翔兮翕蘇心在專兮素蝦何居食兮江湖徊復翔兮游颺去復返兮於乎始事君兮去家終我命兮君都終來遇兮何幸（幸當作辜）離我國兮去吳妻衣褐兮爲婢夫去冕兮爲奴歲遙遙

兮難極冤悲痛兮心惻腸千結兮服膺於乎哀兮忘食願我身兮如鳥身翱翔兮矯翼去我國兮心搖情憤惋兮誰識越王聞夫人怨歌心中内慟乃曰孤何憂吾之六翮備矣於是入吳見夫差稽首再拜稱臣曰東海賤臣勾踐上愧皇天下負后土不裁功力汚辱王之軍士抵罪邊境大王赦其深辜裁加役臣使執箕帚誠蒙厚恩得保須臾之命不勝仰感俯愧臣勾踐叩頭頓首吳王夫差曰寡人

於子亦過矣子不念先君之讎乎越王曰臣死則死矣惟大王原之伍胥在旁目若熛火聲如雷霆乃進曰夫飛鳥在青雲之上尚欲繳（音灼生絲縷也）微矢以射之豈況近卧於華池集於庭廡乎今越王放於南山之中游於不可存之地幸來涉我壤土入吾梐梱此乃厨宰之成事食也豈可失之乎吳王曰吾聞誅降殺服禍及三世吾非愛越而不殺也畏皇天之咎教而赦之太宰嚭諫曰子胥明於一時

之計不通安國之道願大王遂其所執無拘羣小之口夫差遂不誅越王令駕車養馬秘於宮室之中三月吳王召越王入見越王伏於前范蠡立於後吳王謂范蠡曰寡人聞貞婦不嫁破亡之家仁賢不官絶滅之國今越王無道國已將亡社稷壞崩身死世絶爲天下笑而子及主俱爲奴僕來歸於吳豈不鄙乎吾欲赦子之罪子能改心自新棄越歸吳乎范蠡對曰臣聞亡國之臣不敢語政敗軍

之將不敢語勇臣在越不忠不信今越王不奉大王命號用兵與大王相持至今獲罪君臣俱降蒙大王鴻恩得君臣相保願得入備掃除出給趨走臣之願也此時越王伏地流涕自謂遂失范蠡矣吳王知范蠡不可得爲臣謂曰子既不移其志吾復置子於石室之中范蠡曰臣請如命吳王起入宮中越王范蠡趨入石室越王服犢鼻着樵頭夫人衣無緣之裳施左關之襦夫斫剉養馬妻給水除

糞灑掃三年不慍怒面無恨色吳王登遠臺望見越王及夫人范蠡坐於馬糞之旁君臣之禮存夫婦之儀具王顧謂太宰嚭曰彼越王者一節之人范蠡一介之士雖在窮厄之地不失君臣之禮寡人傷之太宰嚭曰願大王以聖人之心哀窮孤之士吳王曰爲子赦之後三月乃擇吉日而欲赦之召太宰嚭謀曰越之與吳同土連域勾踐愚黠親欲爲賊寡人承天之神靈前王之遺德誅討越寇囚

之石室寡人心不忍見而欲赦之於子奈何太宰嚭曰臣聞無德不復大王垂仁恩加越越豈敢不報哉願大王卒意終其意也越王聞之召范蠡告之曰孤聞於外心獨喜之又恐其不卒也范蠡曰大王安心事將有意在玉門第一令年十二月戊寅之日時加日出戊囚日也寅陰後之辰也合庚辰歲後會也夫以戊寅日聞喜不以其罪罰日也時加卯而賊戊功曹爲騰蛇而臨戊謀利事在青龍青龍

在勝先而臨酉死氣也而尅寅是時尅其日用又助之所求之事上下有憂此豈非天網四張萬物盡傷者乎王何喜焉果子胥諫吳王曰昔桀囚湯而不誅紂囚文王而不殺天道還反禍轉成福故夏爲湯所誅殷爲周所滅今大王既囚越君而不行誅臣謂大王惑之深也得無夏殷之患乎吳王遂召越王久之不見范蠡文種憂而占之曰吳王見擒也有頃太宰嚭出見大夫種范蠡而言越王復

拘於石室伍子胥復諫吳王曰臣聞王者攻敵國克之則加以誅故後無報復之憂遂免子孫之患今越王已入石室宜早圖之後必爲吳之患太宰嚭曰昔者齊桓割燕所至之地以貺燕公齊桓公救燕北伐山戎而還燕君送桓公出境桓公因割燕所至地予燕而齊君獲其美名宋襄濟河而戰宋襄公與楚成王戰于泓目夷曰及其未濟擊之公不聽已濟陳成宋人擊之宋師大敗公曰君子不困人於阨不鼓不成列春秋以多其義功立而名稱軍敗而德存今大王誠赦越王則功冠於五霸

名越於前古吳王曰待吾疾愈方爲大宰赦之後一月越王出（出當作坐）石室召范蠡曰吳王疾三月不愈吾聞人臣之道主疾臣憂且吳王遇孤恩甚厚矣疾之無瘳惟公卜焉范蠡曰吳王不死明矣到己巳日當瘳惟大王留意越王曰孤所以窮而不死者賴公之策耳中復猶豫豈孤之志哉可與不可惟公圖之范蠡曰臣竊見吳王真非人也數（色角切）言成湯之義而不行之願大王請求問疾得見因

求其糞而嘗之觀其顏色當拜賀焉言其不死以瘳起日期之既言信後則大王何憂越王明日謂太宰嚭曰囚臣欲一見問疾太宰嚭即入言於吳王王召而見之適遇吳王之便（平聲下同）太宰嚭奉溲惡以出（溲所九切惡遏各切下同溲即便也惡大溲也大小溲亦日前後溲見史倉公傳）逢戶中越王因拜請嘗大王之溲以決吉凶即以手取其便與惡而嘗之因入曰下囚臣勾踐賀於大王王之疾至己巳日有瘳至三月壬申病愈吳王

曰何以知之越王曰下臣嘗事師聞糞者順穀味逆時氣者死順時氣者生今者臣竊嘗大王之糞其惡味苦且楚酸是味也應春夏之氣臣以是知之吳王大悅曰仁人也乃赦越王得離其石室去就其宮室執牧養之事如故越王從嘗糞惡之後遂病口臭范蠡乃令左右皆食岑草以亂其氣蕺也菜名摭之小有臭氣凶年民斸其根食之會稽志蕺山在府西北六里越王嘗採蕺于此其後吳王如越王期日疾愈心念其忠臨政之後

大縱酒於文臺吳王出令曰今日爲越王陳北面之坐羣臣以客禮事之伍子胥趨出到舍上不御坐酒酣太宰嚭曰異乎今日坐者各有其詞不仁者逃其仁者留臣聞同聲相和同心相求今國相剛勇之人意者内慙至仁之存也而不御坐其亦是乎吳王曰然於是范蠡與越王俱起爲吳王壽其辭曰下臣勾踐從小臣范蠡奉觴上千歲之壽辭曰皇在上令昭下四時并心察慈仁者大王躬

鴻恩立義行仁九德四塞威服羣臣於乎休哉傳德無極上感太陽降瑞翼翼大王延壽萬歲長保吳國四海咸承諸侯賓服觴酒既升永受萬福於是吳王大悅明日伍子胥入諫曰昨日大王何見乎臣聞内懷虎狼之心外執美詞之說但爲外情以存其身豺不可謂廉狼不可親今大王好聽須臾之說不慮萬歲之患放棄忠直之言聽用讒夫之語不滅瀝血之仇不絕懷毒之怨猶縱毛爐炭之

上幸其其當作不焦投卵千鈞之下望必全豈不殆哉臣聞桀登高自知危然不知所以自安也前據白刃自知死而不知所以自存也惑者知返迷道不遠願大王察之吳王曰寡人有疾三月曾不聞相國一言是相國之不慈也又不進口之所嗜心不相思是相國之不仁也夫爲人臣不仁不慈焉於虔切何也能知其忠信者乎越王迷惑棄守邊之事親將其臣民來歸寡人是其美、也躬親爲虜妻親爲妾不慍寡人寡人有疾親嘗寡人之溲是其慈也虛其府庫盡其寶幣不念舊故是其忠信也三者既立以養寡人寡人曾聽相國而誅之是寡人之不智也而爲相國快私意耶豈不負皇天乎子胥曰何大王之言反也夫虎之卑勢將以有擊也狸之卑身將求所取也雉以眩移拘於網魚以有悅死於餌且大王初臨政負玉門之第九誡事之敗無咎矣今年三月甲戌時加鷄鳴甲戌歲位之會將也

青龍在酉德在土刑在金是日賊其德也知父將有不順之子君有逆節之臣大王以越王歸吳爲義以飲溲食惡爲慈以虛府庫爲仁是故爲無愛於人其不可親面聽貌觀以存其身今越王入臣於吳是其謀深也虛其府庫不見恨色是欺我王也下飲王之溲者是上食王之心也下嘗王之惡者是上食王之肝也大哉越王之崇吳吳將爲所擒也惟大王留意察之臣不敢逃死以負前王一旦

社稷丘墟宗廟荆棘其悔可追乎吴王曰相國置之勿復言矣寡人不忍復聞於是遂赦越王歸國送於蛇門之外羣臣祖道吴王曰寡人赦君使其返國必念終始王其勉之越王稽首曰今大王哀臣孤窮使得生全還國與種蠡之徒願死於轂下上天蒼蒼臣不敢負吴王曰於乎吾聞君子一言不再今已行矣王勉之越王再拜跪伏吴王乃引越王登車范蠡執御遂去至三津之上仰天歎曰嗟

乎孤之屯厄誰念復生渡此津也謂范蠡曰今三月甲辰時加日昳徒結切日昃也梁元帝纂要日在未日昳孤蒙上天之命還歸故鄉得無後患乎范蠡曰大王勿疑直瞑道行越將有福吳當有憂至浙江之上望見大越山川重秀天地再清王與夫人歎曰吾已絕望永辭萬民豈料再還重復鄉國言竟掩面滂沱闌干文選註闌干多貌

此時萬姓咸歡羣臣畢賀

吳越春秋勾踐入臣外傳第七

吳越春秋勾踐歸國外傳第八

越王勾踐臣吳至歸越勾踐七年也（國語勾踐與范蠡入宦於吳三年而吳人遣之當魯哀公五年是爲勾踐七年正與此合此書於勾踐五年書入吳其至是歸國首尾三年也）百姓拜之於道曰君王獨無苦矣今王受天之福復於越國霸王之迹自斯而起王曰寡人不慎天教無德於民今勞萬姓擁於岐路將何德化以報國人顧謂范蠡曰今十有二月己巳之日時加禺中（禺音隅禺中時加巳也淮南子曰臻于衡陽是謂禺中對于昆吾是謂正中）孤欲以

此到國何如蠡曰大王且留以臣卜日於是范蠡進曰異哉大王之擇日也王當疾趨車馳人走越王策馬飛輿遂復宮闕吳封地百里於越東至炭瀆越舊經炭瀆在會稽縣東六十里越絕曰勾踐稱炭聚載從炭瀆至鍊塘會稽志作炭浦西止周宗南造於山北薄於海越王謂范蠡曰孤獲辱連年勢足以死得相國之策再返南鄉今欲定國立城人民不足其功不可以興爲之奈何范蠡對曰唐虞卜地夏殷封國古公營城周雒威折萬里

德致八極，豈直欲破疆敵收鄰國乎？越王曰：孤不能承前君之制，修德自守，亡衆棲於會稽之山，請命乞恩，受辱被恥，囚結吳宮，幸來歸國，追以百里之封，將遵前君之意，復以會稽之上而宜釋吳之地。范蠡曰：昔公劉去邰而德彰於夏，亶父讓地而名發於岐，今大王欲（欲字下當有立字）國樹都，并敵國之境，不處平易（以豉切）之都，據四達之地，將焉（於虔切）立霸王之業？越王曰：寡人之計未有決定，欲築城立郭分設里閭欲委屬於相國於是范蠡乃觀天文擬法於紫宮築作小城周千一百二十二步一圓三方西北立龍飛翼之樓以象天門東南伏漏石竇以象地戶陵門四達以象八風外郭築城而缺西北示服事吳也不敢壅塞內以取吳故缺西北而吳不知也北向稱臣委命吳國左右易處易音亦處上聲不得其位明臣屬也城既成而怪山自生者琅琊東武海中山也一夕自來故名怪山卽龜山也在府東南二里一名

飛來一名寶林一名怪山越絶曰龜山勾踐所起游臺也寰宇記龜山即琅琊東武山一夕移於此范蠡曰臣之築城也其應天矣崑崙之象存焉越王曰寡人聞崑崙之山乃地之柱上承皇天氣吐宇內下處后土禀受無外滋聖生神嘔養帝會故帝字上當有五字帝處其陽陸三王居其正地吾之國也扁扁疑當作偏天地之壤乘東南之維斗去極北非糞土之城何能與王者比隆盛哉范蠡曰君徒見外未見於內臣乃承天門制城合氣於后土嶽象已設

崑崙故出越之霸也越王曰苟如相國之言孤之命也范蠡曰天地卒號以著其實名東武起游臺其上東南爲司馬門立增樓增與層同冠其山巔以爲靈臺水經注怪山者越起靈臺於山上又作三層樓以望雲物起離宮於淮陽越絕曰離臺周五百六十步在淮陽里丘越舊經淮陽宮在會稽縣東南二里中宿臺在於高平越絕宿作指云中指臺馬丘周六百步在高平里越舊經中宿在會稽縣東七里駕臺在於成丘越絕駕臺馳於離丘立苑於樂野越絕曰越王弋獵之處大樂故謂樂野其山上石室越王所休謀也十道志樂野勾踐以此野爲苑今有樂瀆村燕臺

在於石室越舊經宴臺在州東南十里齋臺在於襟山按越境無襟山越絕曰稷山者勾踐齋戒臺也既曰齋臺則襟當作稷稷山在會稽縣東五十三里勾踐之出游也休息食室於冰厨一曰冰室所以備膳羞也越王乃召相國范蠡大夫種大夫郢問曰孤欲以今日上明堂臨國政專恩致令以撫百姓何日可矣惟三聖謂聖臣也指上三人而言子胥曰越有聖臣范蠡紀綱維持范蠡曰今日丙午日也丙陽將也是日吉矣又因良時臣愚以爲可無始有終得天下之中大夫種曰前車已覆後

車必戒顧王深察范蠡曰夫子故不一二見也吾王今以丙午復初臨政解救其本是一宜夫金制始而火救其終是二宜蓄金之憂轉而及水是三宜君臣有差不失其理是四宜王相攀俱起天下立矣是五宜臣顧急升明堂臨政越王是日立政翼翼小心出不敢奢入不敢侈越王念復吴讎非一旦也苦身勞心夜以接日目卧則攻之以蓼足寒則漬之以水冬常抱冰夏還握火愁心苦志懸膽

會稽三賦注引勾踐使女織布以獻吳王採葛是此

於戶出入嘗之不絕於口中夜潛泣泣而復嘯越王曰吳王好服之離體吾欲采葛詩毛氏箋葛所以爲絺綌使女工織細布獻之以求吳王之心於子何如羣臣曰善乃使國中男女入山采葛會稽縣東十里有葛山越絕曰勾踐種葛使越女治葛布獻吳王以作黃絲之布欲獻之未及遣使吳王聞越王盡心自守食不重味衣不重綵雖有五臺之游未嘗一日登翫吾欲因而賜之以書增之以封東至於勾甬西至於檇李南至於姑末即春秋越

姑蔑之地（姑蔑地名有二魯國下縣南有姑蔑城越之姑蔑至秦屬會稽爲太末縣今衢州）北至於平原（越絶作武原今海鹽縣）縱橫八百餘里越王乃使大夫種索葛布十萬甘蜜九党（韻會引吳越春秋越以甘蜜九欓報吳增封之禮謂欓爲越椒今此書無九欓二字詳下文文笥之類皆以數計則甘蜜當作九瓽玉篇瓽丁盎切盆也此党字誤）文笥七枚狐皮五雙晉竹十廋（廋當作搜漢溝洫志漕船五百搜今文作艘音騷船總名也或作搜）以復封禮吳王得之曰以越僻狄（狄當作狹）之國無珍今舉其貢貨而以復禮此越小心念功不忘吳之效也夫越本興國千里

吾雖封之未盡其國子胥聞之退卧於舍謂侍者曰吾君失其石室之囚縱於南林之中今但因虎豹之野而與荒外之草於吾之心其無損也吴王得葛布之獻乃復增越之封賜羽毛之飾机杖諸侯之服越國大悦采葛之婦傷越王用心之苦乃作苦之詩（事類賦引吴越春秋曰乃作若何之歌會稽賦註亦引此書曰乃作何苦之詩）曰葛不連蔓棻台（音貽）我君心苦命更之嘗膽不苦甘如飴（事類賦及越舊經所引皆作未若飴）令我采葛以作絲（文選註引

采葛婦詩有饑不遑食四體疲一句此書無之闕文也女工織兮不敢遲弱於羅兮輕霏霏號絺素兮將獻之越王悅兮忘罪除吳王歡兮飛尺書增封益地賜羽奇机杖茵褥諸侯儀羣臣拜舞天顏舒我王何憂能不移於是越王內修其德外布其道君不名教臣不名謀民不名使官不名事國中蕩蕩無有政令越王內實府庫墾其田疇民富國彊衆安道泰越王遂師八臣與其四友時問政焉大夫種曰愛民而已越王曰

奈何種曰利之無害成之無敗生之無殺與之無奪越王曰願聞種曰無奪民所好則利也民不失其時則成之省刑去罰則生之薄其賦斂則與之無多臺游則樂之靜而無苛則喜之民失所好則害之農失其時則敗之有罪不赦則殺之重賦厚斂則奪之多作臺游以罷音疲民則苦之勞擾民力則怒之詳文意上文與之無奪以下當有樂之無苦喜之無怒二句臣聞善爲國者遇民如父母之愛其子如兄之愛其弟聞有饑

寒爲之哀，見其勞苦爲之悲。越王乃緩刑薄罰，省其賦斂，於是人民殷富，皆有帶甲之勇。

九年正月，越王召五大夫而告之曰：昔者越國遁棄宗廟，身爲窮虜，耻聞天下，辱流諸侯。今寡人念吳，猶躃者不忘走，盲者不忘視，孫未知策謀，惟大夫誨之。扶同曰：昔之亡國流民，天下莫不聞知。今欲有計，不宜前露其辭。臣聞擊鳥之動，故前俯伏（此上八字文衍）。猛獸將擊，必餌（餌當作弭）毛帖伏；鷙鳥將搏，必卑飛戢翼；聖人將動必順辭和衆聖人之謀不可見其象不可知其情臨事而伐故前無剽過之兵後無伏襲之患今大王臨敵破吳宜損少辭無令泄也臣聞吳王兵彊於齊晉而怨結於楚大王宜親於齊深結於晉陰固於楚而厚事於吳夫吳之志猛驕而自矜必輕諸侯而凌鄰國三國決權還爲敵國必角勢交爭越承其獘因而伐之可克也雖五帝之兵無以過此范蠡曰臣聞謀國破敵動觀其符孟津之

吳越春秋八

會諸侯曰可武王辭之方今吳楚結讎構怨不解齊雖不親外爲其救晉雖不附猶效其義夫內臣謀而決讎其策鄰國通而不絕其援斯正吳之興霸諸侯之上尊臣聞峻高者隤（亦作頽下墜也）茂葉者摧日中則移月滿則虧四時不並盛五行不俱馳陰陽更唱（唱當作倡）氣有盛衰故溢堤之水不淹其量熻乾之火不復其熾水靜則無漚瀴之怒火消則無熹毛之熱今吳乘諸侯之威以號令於天下不知德

淵而恩淺道狹而怨廣權懸而智衰力竭而威折兵挫而軍退士散而衆解臣請按師整兵待其壞敗隨而襲之兵不血刃士不旋踵吳之君臣爲虜矣臣願大王匿聲無見其動以觀其靜大夫苦成曰夫水能浮草木亦能沉之地能生萬物亦能殺之江海能下谿谷亦能朝之聖人能從衆亦能使之今吳承闔閭之軍制子胥之典教政平未虧戰勝未敗大夫嚭者狂佞之人達於策慮輕於朝事子

胥力於戰伐死於諫議二人權必有壞敗願王虛心自匿無示謀計則吳可滅矣大夫浩曰今吳君驕臣奢民飽軍勇外有侵境之敵內有爭臣之震其可攻也大夫句如左傳國語皆作皐如曰天有四時人有五勝五德迭相勝也史歷書秦滅六國頗推五勝而自以爲獲水德之瑞蔵漢律歷志同昔湯武乘四時之利而制夏殷桓繆據五勝之便而列六國此乘其時而勝者也王曰未有四時之利五勝之侯願各就職也

第八卷終

吳越春秋句踐歸國外傳第八

藝文三十五　吳越春秋曰越王念吳欲復仇，然心苦志，中夜抱柱而哭，哭之以嘯，群臣問之曰：君王何愁心之甚也。夫復仇謀敵，非君王之憂，自臣下之急務也。

初學記廿四　越謀吳城立　故曰范蠡築起遊臺于怪山，以為靈臺，且望仰觀天文，候日月之變驗。

藝文八十五　吳越春秋曰越王允常使民男女入山採葛作黃絲布獻之。

太平御覽四十七　濁女山

吳越春秋曰濁女山者諸寡婦女淫泆犯過者皆輸此山上越王將伐吳其士有憂思者令遊山上以喜其意

吳越春秋勾踐陰謀外傳第九

越王勾踐十年二月越王深念遠思侵辱於吳蒙天祉福得（得下當有返字）越國群臣教誨各畫一策辭合意同勾踐敬從其國已富反越五年未聞敢死之友或謂諸大夫愛其身惜其軀者乃登漸臺望觀其羣臣有憂與否相國范蠡大夫種句如之屬儼然列坐雖懷憂患不形顔色越王即鳴鐘驚檄（驚疑當作警）而召群臣與之盟曰寡人獲辱受耻上愧周王下慙

晉楚幸蒙諸大夫之策得返國修政富民養士而五年未聞敢死之士雪仇之臣柰何而有功乎羣臣默然莫對者越王仰天歎曰孤聞主憂臣辱主辱臣死今孤親被奴虜之厄受因破之恥不能自輔須賢任仁然後討吳重負諸臣大夫何易見而難使也於是計硯年少官卑列坐於後乃舉手而趨蹈席而前進曰謬哉君王之言也非大夫易見而難使君王之不能使也越王曰何謂計硯曰夫官

位財幣金賞者君之所輕也操鋒履刃艾音刈命投死者士之所重也今王易易字不通疑名字之誤名同財之所輕而責士之所重何其殆哉於是越王默然不悅面有愧色即辭群臣進計硯而問曰孤之所得士心者何等計硯對曰夫君人尊其仁義者治之門也士民者君之根也開門固根莫如正身正身之道謹左右左右者君之所以盛衰者也願王明選左右得賢而已昔太公九聲而足其義未詳或恐字誤磻溪之

餓人也西伯任之而王管仲曾之亡囚有貪分之毀管仲曰吾始困時嘗與鮑叔賈分財利多自與鮑叔不以我爲貪知我貧也齊桓得之而霸故傳曰失士者亡得士者昌顏王審於左右何患羣臣之不使也越王曰吾使賢任能各殊其事孤虛心高望冀聞報復之謀令咸匿聲隱形不聞其語厥咎安在計硯曰選賢實士各有一等遠使以難平聲試以難事以效其誠內告以匿以知其信與之論事以觀其智飲之以酒以視其亂酒能亂性論語唯酒

無量不及亂指之以使曲禮耆指使註指事使人也以察其能示之以色以別其態五色以設士盡其實人竭其智知其智盡實則君臣何憂越王曰吾以謀士效實人盡其智而士有未盡進辭有益寡人也計硯曰范蠡明而知內文種遠以見外願王請大夫種與深議則霸王之術在矣越王乃請大夫種而問曰吾昔日受夫子之言自免於窮厄之地今欲奉不羈之計以雪吾之宿讎何行而功乎大夫種曰臣聞高

飛之鳥死於美食深泉之魚死於芳餌今欲伐吳必前求其所好參其所願然後能得其實越王曰人之所好雖其願何以定而制之死乎大夫種曰夫欲報怨復讎破吳滅敵者有九術史記作七術君王察焉越王曰寡人被辱懷憂內慙朝臣外媿諸侯中心迷惑精神空虛雖有九術安能知之大夫種曰夫九術者湯文得之以王桓穆得之以霸其攻城取邑易於脫屣願大王覽之種曰一曰尊天事鬼

鬼（下當有神字下文亦兼鬼神言之）以求其福二曰重財幣以遺（去聲贈也下同）其君多貨賄以喜其臣三曰貴糴粟槀以虛其國利所欲以疲其民四曰遺美女以惑其心而亂其謀五曰遺之巧工良材使之起宮室以盡其財六曰遺之諛臣使之易伐七曰彊其諫臣使之自殺八曰君王國富而備利器九曰利甲兵以承其弊凡此九術君王閉口無傳守之以神取天下不難而況於吳乎越王曰善乃行第一術立東郊以

祭陽名曰東皇公立西郊以祭陰名曰西王母祭陵山於會稽陵山禹陵之山先秦古書帝王冢皆不稱陵陵之名自漢始祀水澤於江州今之江州春秋時爲吳西境楚東境越不得祀水澤於其地兼晉以前亦未有江州之名蜀之巴郡古有江州縣又去越遼遠亦非當時祀水澤之地州字義當作洲按說文州渚也字本作州水中可居者州今作洲蓋後人加水以別州縣之字事鬼神一年國不被災越王曰善哉大夫之術願論其餘種曰吳王好起宮室用工不輟王選名山神材奉而獻之越王乃使木工三千餘人入山伐木一年師無所幸

作士工作之士思歸皆有怨望之心而歌木客之吟水經註勾踐使工人伐柴楠欲以獻吳久不得歸工人憂思作木客吟一夜天生神木一雙大二十圍長五十尋陽爲文梓陰爲楩柟巧工施校制以規繩雕治圓轉刻削磨礱分以丹青錯畫文章嬰以白壁鏤以黃金狀類龍蛇文彩生光乃使大夫種獻之於吳王曰東海役臣臣孤勾踐使臣種敢因下吏聞於左右賴大王之力竊爲小殿有餘材謹再拜獻之吳王大悅徐天祜曰天生神木不假日夜

之所息一夕而大二十圍長五十尋有是哉使茲事而信越嘗以其木致於吳而行人之辭乃曰東海役臣獻爲殿之餘材甚非所以禮吳而示有先也且越有五臺木嘗敢上吳王以爲畏法服威夫既天之產材若是其異人之致飾若是其都而名之曰餘材則越之爲殿亦已侈矣而特以其遺餘奉吳何越之失言而吳之易悅耶子胥諫曰

王勿受也昔者桀起靈臺紂起鹿臺陰陽不和寒暑不時五穀不熟天與其災民虛國變遂取滅亡大王受之必爲越王所戮吳王不聽遂受而起姑蘇之臺三年聚材五年乃成高見二百里臺始基於闔閭而新作於夫差吳地記曰高三百丈廣八十四

丈行路之人道死巷哭不絶嗟嘻之聲民疲士苦人不聊生越王曰善哉第二術也

十一年越王深念永思惟欲伐吳乃請計硯問曰吾欲伐吳恐不能破早欲興師惟問於子計硯對曰夫興師舉兵必且内蓄五穀實其金銀滿其府庫勵其甲兵凡此四者必察天地之氣原於陰陽明於孤虚史龜策傳曰辰不全故有孤虚六甲孤虚法甲子旬中無戌亥戌亥即爲孤辰巳即爲虚蓋旬空爲孤對衝爲虚餘五旬可以類推劉歆七畧有風侯孤虚二十卷審於存亡乃可量敵

越王曰天地存亡其要柰何計硯曰天地之氣物有死生原陰陽者物貴賤也明孤虛者知會際也審存亡者別眞僞也越王曰何謂死生眞僞乎計硯曰春種八穀夏長而養秋成而聚冬畜而藏夫天時有生（以四時言則有生當作春）生而不救種是一死也夏長無苗二死也秋成無聚三死也冬藏無畜四死也雖有堯舜之德無如之何夫天時有生勸者老作者少反氣應數不失厥理一生也留意省察謹除

苗穢穢除苗盛二生也前時設備物至則收國無逋稅民無失穗三生也倉已封塗除陳入新君樂臣歡男女及信四生也夫陰陽者太陰所居之歲留息三年貴賤見矣夫孤虛者謂天門地戶也存亡者君之道德也越王曰何子之年少於物之長也計硯曰有美之士不拘長少越王曰善哉子之道也乃仰觀天文集察緯宿（天象定者爲經動者爲緯故五星亦曰五緯宿音秀列星也）曆象四時以下者上虛設八倉從陰收著

陟畧切置也。望陽出糶筴筴通作策其極計三年五倍越國熾富勾踐歎曰吾之霸矣善計硯之謀也

十二年越王謂大夫種曰孤聞吴王淫而好色惑亂沉湎不領政事因此而謀可乎種曰可破夫吴王淫而好色宰嚭佞以曳心往獻美女其必受之惟王選擇美女二人而進之越王曰善乃使相者國中得苧蘿山鬻薪之女曰西施鄭旦會稽志苧蘿山在諸暨縣南五里輿地志諸暨縣苧蘿山

西施鄭旦所居十道志勾踐索美女以獻吳王得之諸暨苧蘿山賣薪女也西施山下有浣沙石飾以羅縠教以容步習於土城越舊經土城在會稽縣東六里臨於都巷三年學服而獻於吳乃使相國范蠡進曰越王勾踐竊有二遺女越國洿下困迫不敢稽留謹使臣蠡獻之大王不以鄙陋寢容貌不揚曰寢通作寑廣韻寑陋又貌醜或作侵史魏其傳武安貌侵短小謂醜惡也願納以供箕箒之用吳王大悅曰越貢二女乃勾踐之盡忠於吳之證也子胥諫曰不可王勿受也臣聞五色令人目盲五

音令人耳聾昔桀易湯而滅紂易文王而亡大王受之後必有殃臣聞越王朝書不倦晦誦竟夜且聚敢死之士數萬是人不死必得其願越王服誠行仁聽諫進賢是人不死必成其名越王夏被毛裘冬御絺綌是人不死必爲對隙臣聞賢士國之寶美女國之咎夏亡以妹喜殷亡以妲己周亡以褒姒桀伐有施有施氏以妹喜女焉有寵而亡夏紂伐有蘇有蘇氏以妲己女焉有寵而亡殷幽王伐有褒有褒人以褒姒女焉有寵生伯服逐太子宜臼太子奔申申人與繒西戎攻幽王周於是乎

古妹音末喜音嬉吳王不聽遂受其女越王曰善哉第三術也

十三年越王謂大夫種曰孤蒙子之術所圖者吉未嘗有不合也今欲復謀吳奈何種曰君王自陳越國微鄙年穀不登願王請糴以入其意天若棄吳必許王矣越乃使上聲大夫種使去聲吳因宰嚭求見吳王辭曰越國洿下水旱不調年穀不登人民饑乏道荐饑餒願從大王請糴來歲即復太倉惟大王救其窮

窘吳王曰越王信誠守道不懷二心今窮歸愬吾豈愛惜財寶奪其所願子胥諫曰不可非吳有越越必有吳吉往則凶來是養生寇而破國家者也與之不爲親不與未成冤且越有聖臣范蠡勇以善謀將有修飾攻戰以伺吾間去聲下同觀越王之使使來請糴者非國貧民困而請糴也以入吾國伺吾王間也吳王曰寡人卑服越王而有其衆懷其社稷以愧勾踐勾踐氣服爲駕車却行馬前諸侯莫

不聞知今吾使之歸國奉其宗廟復其社稷豈敢有反吾之心乎子胥曰臣聞士窮非難抑心下人其後有激人之色臣聞越王饑餓民之困窮可因而破也今不用天之道順地之理而反輸之食固君之命狐雉之相戲也夫狐卑體而雉信之故狐得其志而雉必死可不慎哉吳王曰勾踐國憂而寡人給之以粟恩往義來其德昭昭亦何憂乎子胥曰臣聞狼子有野心仇讎之人不可親夫虎不可

鏤以食螋蟲名一曰虵善螫人蛇不恣其意今大王捐國家之福以饒無益之讎棄忠臣之言而順敵人之欲臣必見越之破吳豸蟲無足曰豸疑當作豕鹿游於姑胥之臺荊榛蔓於宮闕願王覽武王伐紂之事也太宰嚭從旁對曰武王非紂王臣也率諸侯以伐其君雖勝殷謂義乎子胥曰武王即成其名矣太宰嚭曰親戮主以為名吾不忍也子胥曰盜國者封侯盜金者誅令使武王失其理則周何為三家之表意謂

釋箕子之囚封比干之墓表商容之閭也太宰嚭曰子胥爲人臣徒欲干君之好咈君之心以自稱去聲滿君何不知過乎子胥曰太宰嚭固欲以求其親前縱石室之囚受其寶女之遺去聲外交敵國內惑於君大王察之無爲羣小所侮今大王譬若浴嬰兒雖啼無聽宰嚭之言吳王曰宰嚭是子無乃聞寡人言非忠臣之道類於佞諛之人太宰嚭曰臣聞鄰國有急千里馳救是乃王者封亡國之後五霸輔絕滅之末者也

吳王乃與越粟萬石而令之曰寡人逆羣臣之議而輸於越年豐而歸寡人大夫種曰臣奉使返越歲登誠還吳貸大夫種歸越越國羣臣皆稱萬歲即以粟賞賜羣臣及於萬民二年越王粟稔揀擇精粟而蒸還於吳復還斗斛之數亦使大夫種歸之吳王王得越粟長太息謂太宰嚭曰越地肥沃其種甚嘉可留使吾民植之於是吳種越粟粟種殺而無生者吳民大饑越王曰彼以窮居其可攻也

大夫種曰未可國始貧耳忠臣尚在天氣未見須俟其時越王又問相國范蠡曰孤有報復之謀水戰則乘舟陸行則乘輿輿舟之利頓於兵弩今子爲寡人謀事莫不謬者乎范蠡對曰臣聞古之聖君莫不習戰用兵然行陣隊伍軍鼓之事吉凶决在其工今聞越有處女出於南林越舊經南林在山陰縣南國人稱善願王請之立可見越王乃使使聘之問以劍戟之術處女將北見於王道逢一翁自稱曰袁公

問於處女吾聞子善劍願一見之女曰妾不敢有所隱惟公試之於是袁公即杖箖箊（箖箊竹名箖直尋切箊央魚切吳都賦其竹則篔簹箖箊）竹竹枝上頡橋未墮地女即捷末（藝文類聚引吳越春秋處女善劍事與此小異曰袁公即挽林內之竹似枯槁末折墮地女接取其末接此書接字當作末捷通作接易晝日三接禮記太子生接以太牢左傳子同生接以太牢註並音捷）袁公則飛上樹變爲白猿遂別去見越王越王問曰夫劍之道則如之何女曰妾生深林之中長於無人之野無道不習不達諸侯竊好擊之道誦之

不休妾非受於人也而忽自有之越王曰其道如何女曰其道甚微而易其意甚幽而深道有門戶亦有陰陽開門閉戶陰衰陽興凡手戰之道內實精神外示安儀見之似好婦奪之似懼虎布形候氣與神俱往杳之若日偏如滕（滕當作騰）兎追形逐影光若佛彷呼吸往來不及法禁縱橫逆順直復不聞斯道者一人當百百人當萬王欲試之其驗即見越王即加女號號曰越女乃命五板之墮長高習

之教軍士[詩註一丈爲版五版爲堵左傳五版爲堵五堵爲雉版亦作板此隨字疑當作隊長疑是上聲高或人名也]當世[勝字上疑當有莫能二字]勝越女之劍於是范蠡復進善射者陳音音楚人也越王請音而問曰孤聞子善射道何所生音曰臣楚之鄙人嘗步於射術未能悉知其道越王曰然願子一二其辭音曰臣聞弩生於弓弓生於彈彈起古之孝子越王曰孝子彈者柰何音曰古者人民朴質饑食鳥獸渴飲霧露死則裹以白茅投於中野孝子不忍

見父母爲禽獸所食故作彈以守之絶鳥獸之害故歌曰斷竹續竹飛土逐害之謂也於是神農皇帝皇當作黄弦木爲弧剡木爲矢世本黄帝臣牟夷作矢弧矢之利以威四方黄帝之後楚有弧父弧父者生於楚之荊山生不見父母爲兒之時習用弓矢所射無脫以其道傳於羿羿傳逢蒙逢蒙傳於楚琴氏琴氏以爲弓矢不足以威天下當是之時諸侯相伐兵刃交錯弓矢之威不能制服琴氏乃横弓着臂施

機設樞釋名弩柄曰臂鉤弦曰牙牙外曰郭郭下有懸刀合而名之曰機言機功也亦言如門戶之樞機開闔有節加之以力然後諸侯可服。琴氏傳之楚三侯文選註所引與此畧同但云琴氏傳大魏大魏傳楚三侯少異耳所謂句亶鄂章人號麋侯翼侯魏侯也熊渠三子長子康爲句亶王紅爲鄂王少子執疵爲越章王三侯者未僭王號時所稱也自楚之三侯傳至靈王自稱之楚累世蓋以桃弓棘矢而備鄰國也楚右尹子革曰唯是桃弧棘矢以共禦王事自靈王之後射道分流百家能人用莫得其正臣前人受之於楚五世於臣矣臣雖不明其道惟王試之越王曰弩之狀何法焉陳音曰郭爲方城守臣子也敎爲人君命所起也牙爲執法守吏卒也牛爲中將主內裹也關爲守禦檢去止也錡爲侍從聽人主也臂爲道路通所使也弓爲將軍主重負也弦爲軍師禦戰士也矢爲飛客主教使也金爲實敵往不止也衛爲副使正道里也又爲受教知可否也縹爲都尉執左右也敵爲百死不得駭也鳥不及飛獸不暇走弩之所向無

吳越春秋九　七三

不死也臣之愚劣道悉如此越王曰願聞正射之道音曰臣聞正射之道道衆而微古之聖人射弩未發而前名其所中（射命中也）臣未能如古之聖人請悉其要夫射之道身若戴板頭若激卵左蹉（足縱）右足横左手若附枝右手若抱兒舉弩望敵翕心咽煙與氣俱發得其和平神定思去去止分離右手發機左手不知一身異教豈況雄雌此正射持弩之道也願聞望敵儀表投分（平聲）飛矢之道音曰夫射

之道從分望敵合以參連周禮五射二曰參連前放一矢後三矢連續而去也弩有斗石矢有輕重石取一兩其數乃平遠近高下求之銖分道要在斯無有遺言越王曰善盡子之道願子悉以教吾國人音曰道出於天事在於人人之所習無有不神於是乃使陳音教士習射於北郊之外三月軍士皆能用弓弩之巧陳音死越王傷之葬於國西號其葬所曰陳音之山在山陰縣西南四里寰宇記曰屬上虞縣非也

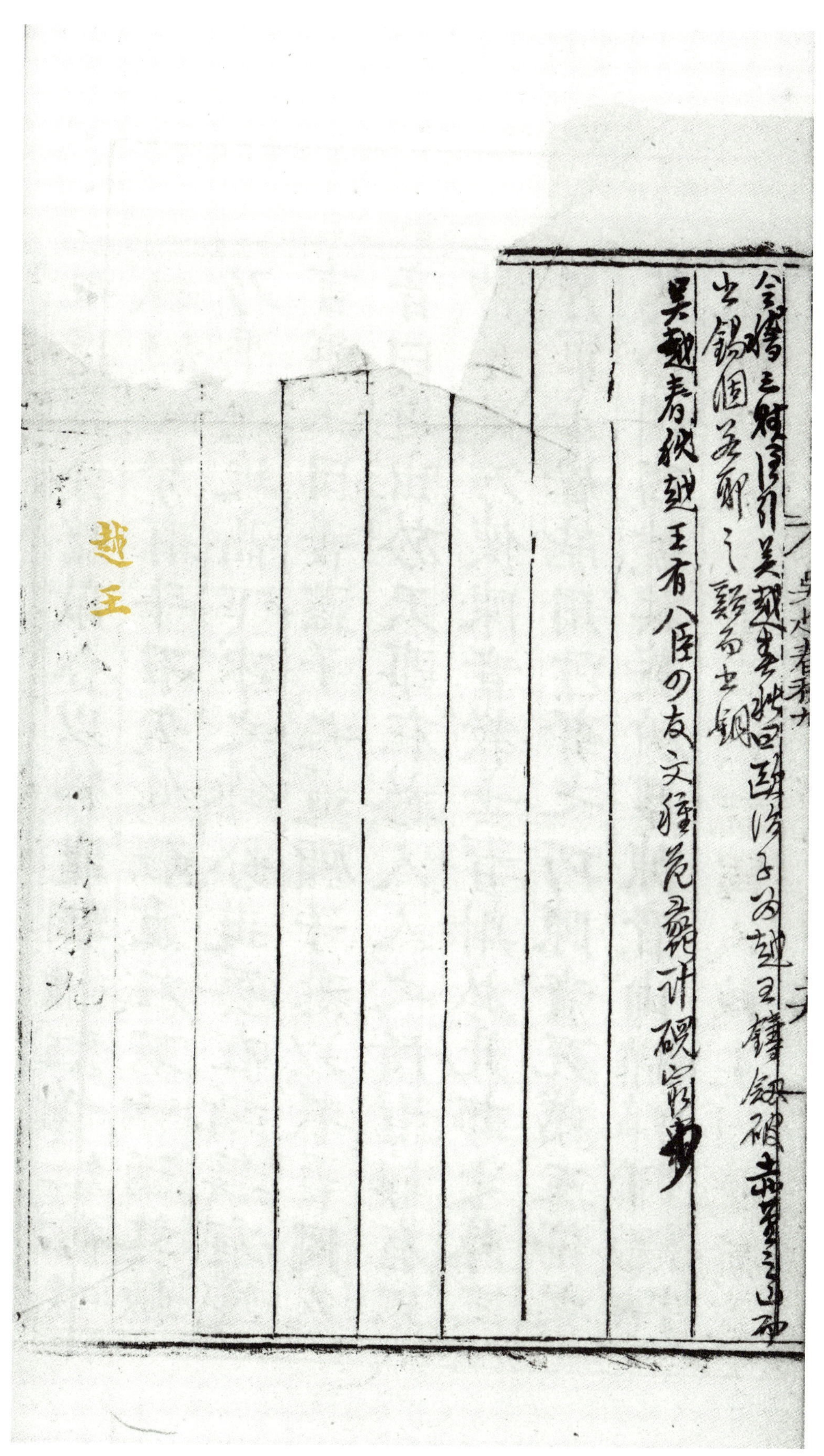

公[illegible][illegible][illegible][illegible]引吳越春秋曰歐冶子爲越王鑄劍破赤堇之山而

出錫涸若耶之溪而出銅

吳越春秋越王有八臣四友文種范蠡計硯皋如

越王

吳越春秋勾踐伐吳外傳第十

勾踐十五年謀伐吳按勾踐七年歸自吳既反國四年即與范蠡謀伐吳自茲四年間必謀之蠡皆以爲未可國語記之稍詳至是始伐吳左傳見於哀公十三年王勾踐十五年也謂大夫種曰孤用夫子之策免於天虐之誅還歸於國吾誠已說音稅下同於國人國人喜悅而子昔日云有天氣即來陳之今豈有應乎種曰吳之所以彊者爲有子胥今伍子胥忠諫而死是天氣前見亡國之證也願君悉心盡意以說國人越王曰聽孤說

國人之辭寡人不知其力之不足以大國報讎以暴露百姓之骨於中原此則寡人之罪也寡人誠更其術於是乃葬死問傷弔有憂賀有喜送往迎來除民所害然後卑事夫差往宦士三百人於吳吳封孤數百里之地因約吳國父兄昆弟而誓之曰寡人聞古之賢君四方之民歸之若水寡人不能為政將率二三子夫婦以爲藩輔令壯者無娶老妻老者無娶壯婦女子十七未嫁其父母有罪丈

夫二十不娶其父母有罪將免者免者免身脫也謂生子以告於孤令醫守之生男二貺之以壺酒一犬生女二賜以壺酒一豚犬陽畜豚陰畜生子三人孤以乳母生子二人孤與一養長子死三年釋吾政季子死三月釋吾政必哭泣葬埋之如吾子也令孤子寡婦疾疹貧病者納官其子欲仕量平聲其居好上聲其衣飽其食而簡銳之凡四方之士來者必朝而禮之載飯與羹以游國中國中僮子戲而遇孤孤餔而啜

之施以愛問其名非孤飯不食非夫人事不衣七年不收國民家有三年之畜男即歌樂女即會笑今國之父兄日請於孤曰昔夫差辱吾君王於諸侯長爲天下所耻今越國富饒君王節儉請可報耻孤辭之曰昔者我辱也非二三子之罪也如寡人者何敢勞吾國之人以塞吾之宿讎父兄又復請曰誠四封之内盡吾君子子報父仇臣復君隙豈敢有不盡力者乎臣請復戰以除君王之宿讎孤

悦而許之大夫種曰臣觀吴王得志於齊晋謂當遂涉吾地以兵臨境今疲師休卒一年而不試以忘於我我不可以怠臣當卜之於天吴民既疲於軍困於戰鬭市無赤米之積國廪空虚其民必有移徙之心寒就蒲蠃蠃當作蠃蒲水草蠃蚌蛤之屬於東海之濵夫占兆人事又見於卜筮王若起師以可會之利犯吴之邉鄙未可往也吴王雖無伐我之心亦雖動之以怒不如詮其閒去聲以知其意越王曰孤不欲

有征伐之心國人請戰者三年矣吾不得不從民人之欲今聞大夫種諫難去聲越父兄又諫曰吳可伐勝則滅其國不勝則困其兵吳國有成王與之盟功名聞於諸侯王曰善於是乃大會羣臣而令之曰有敢諫伐吳者罪不赦蠡種相謂曰吾諫已不合矣然猶聽君王之令越王會軍列士而大誡衆而誓之曰寡人聞古之賢君不患其衆不足而患其志行去聲之少耻也國語註少耻謂進不念功臨難苟免今夫差衣

水犀甲者十有三萬人徼外有山犀有水犀水犀之皮有珠甲山犀則無吳以水犀皮飾甲也周禮犀甲壽百年不患其志行之少耻也而患其衆之不足今寡人將助天威吾不欲匹夫之小勇也吾欲士卒進則思賞退則避刑於是越民父勉其子兄勸其弟曰吳可伐也越王復召范蠡謂曰吳已殺子胥道道當作導諛者衆吾國之民又勸孤伐吳其可伐乎范蠡曰未可須明年之春然後可耳王曰何也范蠡曰臣觀吳王北會諸侯於黃池精兵

從王國中空虛老弱在後太子晉守兵始出境未遠聞越掩其空虛兵還不難也不如來春其夏六月丙子勾踐復問范蠡曰可伐矣乃發習流二千人俊士四萬君子六千諸御千人史記俊士作教士索隱曰虞書云流宥五刑習流謂流放之罪人使之習戰教士謂常所教練之兵也君子謂君所子養有恩惠者諸御謂諸理事之官在軍有職掌者徐天祜曰笠澤之戰越以三軍潛涉蓋以舟師勝此所謂習流是即習水戰之兵若曰使罪人習戰越一小國流放者何至二千人哉以乙酉與吳戰丙戌遂虜殺太子丁亥入吳焚姑胥臺吳告急於

夫差夫差方會諸侯於黃池恐天下聞之即密不令洩已盟黃池乃使人請成於越勾踐自度未能滅乃與吳平

二十一年七月越王復悉國中士卒伐吳（按左傳哀公十七年越伐吳吳禦之笠澤實勾踐十九年事此書不當以爲二十一年也）會楚使申包胥聘於越越王乃問包胥曰吳可伐耶申包胥曰臣鄙於策謀未足以卜越王曰吳爲不道殘我社稷夷吾宗廟以爲平原使不得血食吾欲與之徼天之中（國語作衷）惟是

輿馬兵革卒伍既具無以行之誠聞（聞當作問）於戰何以爲可申包胥曰臣愚不能知越王固問包胥乃曰夫吳良國也傳賢於諸侯敢問君王之所戰者何越王曰在孤之側者飲酒食肉未嘗不分孤之飲食不致其味聽樂不盡其聲求以報吳願以此戰包胥曰善則善矣未可以戰越王曰越國之中吾博愛以子之忠惠以養之吾今修寬刑欲（國語欲作施）民所欲去民所惡（烏故切憎也）稱其善掩其惡（遏各切不善也）

求以報吳願以此戰包胥曰善則善矣未可
以戰王曰越國之中富者吾安之貧者吾予
之救其不足損其有餘使貧富不失其利求
以報吳願以此戰包胥曰善則善矣未可以
戰王曰邦國南則距楚西則薄晉北則望齊
春秋奉幣玉帛子女以貢獻焉未嘗敢絕求
以報吳願以此戰包胥曰善哉無以加斯矣
猶未可戰夫戰之道知（音智）爲之始以仁次之
以勇斷之君將（去聲）不知即無權變之謀以別

穀寡之數不仁則不得與三軍同饑寒之節齊苦樂之喜不勇則不能斷去就之疑決可否之議於是越王曰敬從命矣冬十月越王乃請八大夫（國語越王乃召五大夫問戰奚以而可韋昭解五大夫舌庸苦成大夫種范蠡皐如之屬按此書其辭大畧與國語同而云八大夫則具詳下文止七人豈與楚大夫申包胥共爲八大夫邪）曰昔吳爲不道殘我宗廟夷我社稷以爲平原使不血食吾欲徼天之中（秉）兵革既具無所以行之吾問於申包胥即已命孤矣敢告諸大夫如何大夫曳庸曰

審賞則可戰也審其賞明其信無功不及有功必加則士卒不怠王曰聖哉大夫苦成曰審罰則可戰審罰則士卒望而畏之不敢違命王曰勇哉大夫文種曰審物則可戰審物則別是非是非明察人莫能惑王曰辨哉大夫范蠡曰審備則可戰審備慎守以待不虞備設守固必可應難去聲王曰慎哉大夫臯如曰審聲則可戰審於聲音以別清濁清濁者謂吾國君名聞於周室令諸侯不怨於外王

曰得哉大夫扶同曰廣恩知分則可戰廣恩以博施知分而不外王曰神哉大夫計硯曰候天察地參應其變則可戰天變地應人道便利三者前見則可王曰明哉於是勾踐乃退齋而命國人曰吾將有不虞之議自近及遠無不聞者乃復命有司與國人曰承命有賞皆造國門之期有不從命者吾將有顯戮勾踐恐民不信使以征不義聞於周室令（平聲）諸侯不怨於外令（去聲已下令字皆同）國中曰五日之

内則吾良人矣過五日之外則非吾之民也又將加之以誅教令既行乃入命於夫人王背（音倍下背垣同）屏夫人向屏而立王曰自今日之後内政無出外政無入各守其職以盡其信内中辱者則是子竟外千里辱者則是子（子當作我）也吾見子於是以爲明誡矣王出宫夫人送王不過屏王因反闔其門填之以土夫人去笄側席而坐安心無容三月不掃王出則復背垣而立大夫向垣而敬王乃令大夫曰

食飼音士不均地壤不修使孤有辱於國是子之罪臨敵不戰軍士不死有辱於諸侯功隳於天下是孤之責自今以往內政無出外政無入吾國誠子大夫敬受命矣王乃出大夫送出垣反闔外宮之門填之以土大夫側席而坐不御五味不答所勸句踐有命於夫人大夫曰國有守禦乃坐露壇之上列鼓而鳴之軍行成陣即斬有罪者三人以狥於軍令曰不從吾令者如斯矣明日徙軍於郊斬有

罪者三人徇之於軍令曰不從吾令者如斯
矣王乃令國中不行者與之訣而告之曰爾
安土守職吾方往征討我宗廟之讎以謝於
二三子令平聲國人各送其子弟於郊境之上
軍士各與父兄昆弟取訣國人悲哀皆作離
別相去之詞曰躁躁摧長惡兮擢戟馭殳殳音殊兵器詩伯也執殳周禮殳以積竹八觚長丈二尺建於兵車旅賁以先驅說文積竹謂削去白取其青處合之取其有力釋名殳殊也長一丈二尺無刃有所撞挃於車上使殊離也所離不降兮以泄我王氣蘇三軍一飛降

去聲兮所向皆殂一士判死兮而當百夫道祐有德兮吳卒自屠雪我王宿恥兮威振八都軍伍難更兮勢如貔貙貔猛獸陸機曰似虎或曰似羆貙摴俱切似貍能捕獸祭天陸佃曰虎五指爲貙行行各努力兮於乎於乎於是觀者莫不悽惻明日復徙軍於境上斬有罪者三人徇之於軍曰有不從令者如此後三日復徙軍於檇李斬有罪者三人以徇於軍曰其淫心匿行匿疑當作慝行去聲不當敵者如斯矣勾踐乃命有司大徇軍曰其有父母

無昆弟者來告我我有大事子離父母之養親老之愛赴國家之急子在軍寇之中父母昆弟有在疾病之地吾視之如吾父母昆弟之疾病也其有死亡者吾葬埋殯送之如吾父母昆弟之有死亡葬埋之矣明日又徇於軍曰士有疾病不能隨軍從兵者吾予其醫藥給其麋粥與之同食明日又徇於軍曰筋力不足以勝平聲甲兵志行不足以聽王命者吾輕其重和其任明日旋軍於江南更陳嚴

法復誅有罪者五人徇曰吾愛士也雖吾子不能過也（即君所子養者）及其犯誅自吾子亦不能脫也恐軍士畏法不使自謂未能得士之死力道見鼃張腹而怒將有戰爭之氣即爲之軾其士卒有問於王曰君何爲敬鼃蟲而爲之軾勾踐曰吾思士卒之怒久矣而未有稱（去聲）吾意者今鼃蟲無知之物見敵而有怒氣故爲之軾於是軍士聞之莫不懷心樂死人致其命有司將軍大徇軍中曰隊各自令其

部部各自令其士歸而不歸處而不處進而不進退而不退左而不左右而不右不如令者斬於是吳悉兵屯於江北越軍於江南越王中分其師以爲左右軍皆被兕甲爾雅兕似牛註一角青色皮堅厚可制鎧鎧即甲也周禮兕甲壽二百年又令安廣之人佩石碣之矢張盧生之弩躬率君子之軍六千人以爲中陣明日將戰於江乃以黄昏令於左軍銜枚遡江而上五里以須吳兵復令於右軍銜枚踰江十里復須吳兵於夜半使

左軍涉江鳴鼓中水以待吳吳師聞之中大駭相謂曰今越軍分爲二師將以使攻我衆亦即以夜暗中分其師以圍越越王陰使左右軍與吳望戰以大鼓相聞潛伏其私卒六千人銜枚不鼓攻吳吳師大敗左傳載笠澤之戰夾水而陳吳之禦越越之敗吳大槩與此畧同越之左右軍乃遂伐之大敗之於囿韋昭曰囿笠澤也史記正義吳地記皆曰笠澤松江之別名又敗之於郊又敗之於津如是三戰三北徑至吳圍吳於西城吳王大懼夜遁越王追

奔攻吳兵入於江陽松陵（吳地記在松江松陌流溢至此故名）欲入胥門來至六七里望吳南城見伍子胥頭巨若車輪目若耀電鬚髮四張射於十里越軍大懼留兵假道即日夜半暴風疾雨雷奔電激飛石揚砂疾如弓弩越軍壞敗松陵却退兵士僵斃人衆分解莫能救止范蠡文種乃稽顙肉袒拜謝子胥願乞假道子胥乃與種蠡夢曰吾知越之必入吳矣故求置吾頭於南門以觀汝之破吳也惟欲以窮夫差

定汝入我之國吾心又不忍故爲風雨以還汝軍然越之伐吳自是天也吾安能止哉越如欲入更從東門我當爲汝開道貫城以通汝路於是越軍明日更從江出入海陽於三道之翟水乃穿東南隅以達越軍遂圍吳守一年吳師累敗左傳哀公二十年越圍吳是爲勾踐二十二年哀公二十二年越滅吳爲勾踐二十四年蓋首尾三年也國語曰居軍三年吳師自潰越世家亦曰畱圍之三年吳師敗與左傳合此書繫其事於一十一年以爲圍守一年而滅吳誤也遂棲吳王於姑胥之山吳使王孫駱史記作公孫雄

肉袒膝行而前請虞翻曰吳大夫國語作王孫雄韋昭曰王孫姓也成於越王曰孤臣夫差敢布腹心異日得罪於會稽夫差不敢逆命得與君王結成以歸今君王舉兵而誅孤臣孤臣惟命是聽意者猶以今日之姑胥曩日之會稽也若徼天之中衷得赦其大辟則吳願長爲臣妾勾踐不忍其言將許之成范蠡曰會稽之事天以越賜吳吳不取今天以吳賜越越可逆命乎且君王早朝晏罷切齒銘骨謀之二十餘年豈

不緣一朝之事耶今日得而棄之其計可乎天與不取還受其咎君何忘會稽之厄乎勾踐曰吾欲聽子言不忍對其使者范蠡遂鳴鼓而進兵曰王已屬政於執事使者急去不時得罪吴使涕泣而去勾踐憐之使令入謂吴王曰吾置君於甬東給君夫婦三百餘家以没王世可乎吴王辭曰天降禍於吴國不在前後正孤之身失滅宗廟社稷者吴之土地民臣越既有之孤老矣不能臣王遂伏劍

自殺上卷夫差傳亦曰引劍而依之死吳世家云自剄死越世家止言自殺按左傳吳王曰孤老矣焉能事君乃縊丘明春秋時人所聞當必不謬越絕曰越王與之劍使自圖之吳王乃旬日而自殺意者勾踐雖與之劍而夫差自以縊死耶勾踐已滅吳乃以兵北渡江淮與齊晉諸侯會于徐州索隱曰徐音舒徐州齊邑薛縣是也其字從人左氏作舒大事記解題曰徐州即舒州也史記正義曰音舒其字從人致貢於周周元王使人賜勾踐已受命號去還江南以淮上地與楚歸吳所侵宋地與魯泗東方百里當是之時越兵橫行於江淮之上諸侯畢賀初學記引吳越春秋曰越王平

（吳後立賀臺於越此書無之亦闕文也）越王還於吳當歸而問於范蠡曰何子言之其合於天范蠡曰此素女之道一言即合大王之事王問爲（爲當作焉）實金匱之要在於上下越王曰善哉吾不稱王其可悉乎蠡曰不可昔吳之稱王僭天子之號天變於上日爲陰蝕今君遂僭號不歸恐天變復見越王還於吳置酒文臺羣臣爲樂（音洛）乃命樂（音岳下同）作伐吳之曲樂師曰臣聞即事作操（去聲）功成作樂君王崇德誨化有道之

國誅無義之人復讎還耻威加諸侯受霸王之功功可象於圖畫德可刻於金石聲可託於絃管名可留於竹帛臣請引琴而鼓之遂作章暢辭曰屯乎今欲伐吳可未耶大夫種蠡曰吳殺忠臣伍子胥今不伐吳人人當作又何須大夫種進祝酒其辭曰皇天祐助我王受福良臣集謀我王之德宗廟輔政鬼神承翼君不忘臣臣盡其力上天蒼蒼不可掩塞觴酒二升萬福無極於是越王默然無言大夫

種曰我王賢仁懷道抱德滅讎破吳不忘返國賞無所悋羣邪杜塞君臣同和福祐千億觴酒二升萬歲難極臺上羣臣大悅而笑越王面無喜色范蠡知勾踐愛壤土不惜羣臣之死以其謀成國定必復不須功而返國也故面有憂色而不悅也范蠡從吳欲去恐勾踐未返失人臣之義乃從入越行謂文種曰子來去矣越王必將誅子種不然言蠡復爲書遺種曰吾聞天有四時春生冬伐人有盛

衰㤗終必否知進退存亡而不失其正惟賢人乎蠡雖不才明知進退高鳥已散良弓將藏狡兎巳盡良犬就烹夫越王爲人長頸鳥喙鷹視狼步可以共患難而不可共處樂可與履危不可與安子若不去將害於子明矣文種不信其言越王陰謀范蠡議欲去徼倖

三十四年九月丁未范蠡辭於王曰臣聞主憂臣勞主辱臣死義一也今臣事大王前則無滅未萌之端後則無救巳傾之禍雖然臣

終欲成君霸國故不辭一死一生臣竊自惟乃使於吳王之慙辱蠡所以不死者誠恐讒於太宰嚭成伍子胥之事故不敢前死且須臾而生夫耻辱之心不可以大（承上文而言則大當作久）流汗之愧不可以忍幸賴宗廟之神靈大王之威德以敗爲成斯湯武克夏商而成王業者定功雪耻臣所以當席日久臣請從斯辭矣越王惻然泣下霑衣言曰國之士大夫是子國之人民是子使孤寄身託號以俟命矣

今子云去欲將逝矣是天之棄越而喪孤也亦無所恃者矣孤竊有言公位乎〔位當作住〕分國共之去乎妻子受戮范蠡曰臣聞君子俟時計不數〔音朔〕謀死不被疑內不自欺臣既逝矣妻子何法乎王其勉之臣從此辭乃乘扁舟出三江入五湖人莫知其所適范蠡既去越王愀然變色召大夫種曰蠡可追乎種曰不及也王曰柰何種曰蠡去時陰畫六陽畫三日前之神莫能制者玄武天空威行孰敢止

者度天關涉天梁後入天一前翳神光言之者死視之者狂臣願大王勿復追也蠡終不還矣越王乃收其妻子封百里之地有敢侵之者上天所殃於是越王乃使良工鑄金象范蠡之形置之坐側朝夕論政自是之後計硯佯狂大夫曳庸扶同皐如之徒日益疏遠不親於朝大夫種內憂不朝人或讒之於王曰大種棄宰相之位而令君王霸於諸侯今官不加增位不益封乃懷怨望之心憤發於

内色變於外故不朝耳與日種諫曰臣所以在（在當作癸）朝而晏罷若身疾作者但爲吴耳今已滅之王何憂乎越王默然時魯哀公患三桓欲因諸侯以伐之三桓亦患哀公之怒以故君臣作難（去聲）哀公奔陘三桓攻哀公公奔衛又奔越（哀公二十七年公如公孫有陘氏乃遂如越史記曰公如陘氏三桓攻公公奔于衛遂如越陘楚地也杜預曰有陘氏卽有山氏）魯國空虛國人悲之來迎哀公與之俱歸勾踐憂文種之不圖故不爲哀公伐三桓也

二十五年丙午平旦越王召相國大夫種而問之吾聞知人易自知難其知相國何如人也種曰哀哉大王知臣勇也不知臣仁也知臣忠也不知臣信也臣誠數辭以損聲色滅淫樂奇說怪論盡言竭忠以犯大王逆心咈耳必以獲罪臣非敢愛死不言言而後死昔子胥於吳矣夫差之誅也謂臣曰狡兔死良犬烹敵國滅謀臣亡范蠡亦有斯言何大王問犯玉門之第八臣見王志也越王默然不

應大夫亦罷哺其耳以成人惡（大浃）其妻曰君賤一國之相少王祿乎臨食不亨（亨當作享）哺以惡何（句）妻子在側匹夫之能自致相國尚何望哉無乃爲貪乎何其志忽忽若斯種曰悲哉子不知也吾王既免於患難雪耻於吳我悉徙宅自投死亡之地盡九術之謀於彼爲佚在君爲忠王不察也乃曰知人易自知難吾答之又無他語是凶妖之證也吾將復入恐不再還與子長訣相求於玄冥之下妻曰

何以知之種曰吾見王時正犯玉門之第八也辰尅其日上賊於下是爲亂醜必害其良今日尅其辰上賊下止吾命須臾之間耳越王復召相國謂曰子有陰謀兵法傾敵取國九術之策今用三已破彊吳其六尚在子所願幸以餘術爲孤前王於地下謀吳之前人於是種仰天歎曰嗟乎吾聞大恩不報大功不還其謂斯乎吾悔不隨范蠡之謀乃爲越王所戮吾不食善言故哺以人惡越王遂賜

文種屬盧盧當作鏤之劍種得劍又歎曰南陽之宰而爲越王之擒自笑曰後百世之末忠臣必以吾爲喻矣遂伏劍而死徐天祐曰勾踐脫困辱之苦身勞思君臣相與謀報吳者二十餘年卒以越霸諸臣雖與有力而種蠡之功居多蠡見幾而作可謂明且哲矣種之死也無罪而越王誅之也無名其辭乃曰幸以餘術爲孤前王於地下謀吳之前人是何言歟令死者有知謀之地下何益如其無知焉用謀之夫大功不賞而淫刑以報此所以仰天而歎又自笑也種越王葬種於國之西山即卧龍山又名種山一曰重山太平御覽曰種山之名因大夫種以語訛成重也樓船之卒三千餘人造鼎足之羨周禮冢人丘隧

註羨道也䟽曰天子有隧諸侯已下有羨道史衛世家共伯入釐侯羨索隱曰羨音延延墓道又以戰切始皇紀曰大事畢閉中羨或下外羨上卷夫差傳羨門當亦與此同義入三峯之下葬一年伍子胥從海上穿山脅而持種去與之俱浮於海故前潮水潘候者伍子胥也後重水者大夫種也越王既已誅忠臣霸於關東從瑯邪起觀去聲臺周七里以望東海死士八千人戈船三百艘居無幾射求賢士孔子聞之從弟子奉先王雅琴禮樂奏於越越王乃被唐夷之甲上卷王僚傳被棠銕之甲帶步

光之劍杖屈盧之矛典略曰周有屈盧之矛說文矛酋矛也建於兵車長二丈周禮酋矛長常有四尺蓋十六尺爲常益四尺則二丈也出死士以三百人爲陣關下孔子有頃到越王曰唯唯夫子何以教之孔子曰丘能述五帝三王之道故奏雅琴以獻之大王徐天祐曰越滅吳之明年大夫種賜劍以死是爲勾踐二十五年即魯哀公二十三年也此書謂已誅忠臣招無幾求賢士孔子聞之奉雅琴禮樂奏於越皆是年事也竊獨以爲不然昔者夫子將見趙簡子聞竇鳴犢舜華之死臨河而不濟爲其殺賢大夫而諱傷其類也至作爲陬操以哀之文種非賢大夫歟使夫子尚在聞種之死豈知其不入越也而况奏雅琴以干時君乎按春秋哀公

十六年夏四月書孔丘卒由文種之死上距夫子之卒已八年矣謂夫子以是年入越非也越王喟然歎曰越性脆而愚水行山處以船爲車以楫爲馬往若飄然去則難從悅兵敢死越之常也夫子何說而欲教之孔子不答因辭而去越王使人如木客山取元常之喪木客山去會稽縣十五里越絶曰木客大冢者元常冢也欲徙葬琅邪三穿元常之墓墓中生熛風熛火飛貌風熱如火飛也飛砂石以射人人莫能入水經註冢中分風飛沙射人不得近勾踐曰吾前君其不徙乎遂置而去勾踐乃使

使號令齊楚秦晉皆輔周室血盟而去秦桓公不如越王之命按史年表勾踐二十五年是爲秦厲共公六年此書爲秦桓公不如越王之命非也由勾踐二十五年上距秦桓公之卒蓋一百有六年矣桓公當作厲共公云勾踐乃選吳越將士西渡河以攻秦軍士苦之會秦怖懼逆自引咎越乃還軍軍人悅樂遂作河梁之詩曰渡河梁兮渡河梁舉兵所伐攻秦王孟冬十月多雪霜隆寒道路誠難當陣兵未濟秦師降諸侯怖懼皆恐惶聲傳海內威遠邦稱霸穆桓齊楚莊天

下安寧壽考長悲去歸兮何無梁自越滅吳中國皆畏之

二十六年越王以邾子無道而執以歸立其太子何冬魯哀公以三桓之逼來奔越王欲爲伐三桓以諸侯大夫不用命故不果耳

二十七年冬勾踐寢疾將卒通鑑外紀勾踐三十三年薨謂太子興夷曰吾自禹之後承元常之德蒙天靈之祐神祇之福從窮越之地籍楚之前鋒以摧吳王之干戈跨江涉淮從晉齊之地

功德巍巍自致於斯其可不誠乎夫霸者之後難以久立其慎之哉遂卒興夷即位一年卒子翁翁卒子不揚不揚卒子無彊彊卒子玉玉卒子尊尊卒子親自勾踐至于親其歷八主皆稱霸積年二百二十四年親衆皆失而去琅邪徙於吳矣自黃帝至少康十世自禹受禪至少康即位六世爲一百四十四年少康去顓頊即位四百二十四年

黃帝　昌意　顓頊　鮌　禹　啓

太康　仲廬　相　少康　無余
無王去無余十世　無瞫　夫康　元常
勾踐　興夷　不壽　不揚　無彊
魯穆柳有幽公爲名　王侯自稱爲君
尊親失琅邪爲楚所滅勾踐至王親歷八主
格（格當作稱）霸二百二十四年從無余越國始封
至餘善返越國空滅凡一千九百二十二年
此書載越世次自勾踐五傳至王無彊以世家考之則七世矣無彊王之侯之子所謂王侯自稱爲君或者即王之侯也世家曰王無彊時楚威王興兵大敗越殺無彊盡取越地

越以此散徐廣曰周顯王四十六年今自勾踐卒至越亡凡一百五十三年通鑑書之與王三十五年此云勾踐至于親歷八主稱霸二百二十四年親衆皆失去瑯邪徙於吳爲楚所滅與史世家及紀年皆不合若如世家所載則無彊之死衆散久矣非王親時失衆亡國也又記年曰王翳三十三年遷于吳則越之徙吳已久亦非王親時也

吳越春秋勾踐伐吳外傳第十

大德十年歲在丙午三月音註

越六月書成刊板十二月畢工

前文林郎國子監書庫官徐天祐音註
紹興路儒學學録留堅
紹興路儒學學正陳昺伯
紹興路儒學教授梁相
正議大夫紹興路總管提調學校官劉克昌

右吳越春秋十卷後漢趙曄所著予
既刻越絕書遂并刻之蓋二書實相
表裏而曄又爲郡人其書固宜廣第
訛舛特甚惜無從可以是正云嘉定
甲申八月望日新安汪綱書

嘉定之甲申吳城春秋影鈔本也初閱第九卷城之劍事之印捷
末下多表之採其末而刪處之應即入之三入處之因牽枝葉之字
三字可御覽類聚選注所引合遂全勘一過其他佳處似無過此者
[illegible]

初學記廿四　吳越春秋曰越王平吳後立賀臺于越

越絶書

〔漢〕袁康 撰

據上海圖書館藏明嘉靖二十四年（一五四五）刻本影印。

提要

《越絶書》十五卷，題漢袁康撰。

袁康，漢會稽郡人，生卒年不詳。關於《越絶書》之作者，唐張守節《史記正義》引南朝梁阮孝緒《七録》云『《越絶》十六卷，或云伍子胥撰』；《隋書·經籍志》載『《越絶記》十六卷，子貢撰』；南宋陳振孫《直齋書録解題》稱此書『蓋戰國後人所爲，而漢人又附益之耳』。陳説附和者衆，伍子胥説、子貢説遂漸黜。明楊慎解析《越絶書》末篇隱語，認爲作者乃袁康、吴平，且謂此書即漢王充《論衡·案書篇》所言吴君高《越紐録》。或以『袁康』『吴平』爲隱語而非實有其人，或認爲末篇乃宋以後文人所作。

《越絶書》主要記述春秋末年吴越争霸之經過，尤以越國爲重，旁及諸侯列國。書中詳叙戰争、兵法、謀略，又涉富民强國、經世致用之術，雜糅儒、道、墨、法、縱横諸家思想，龐雜紛繁，文筆奇特，《四庫全書總目》稱其『縱横曼衍，與《吴越春秋》相類，而博麗奥衍則過之』。書中詳記吴越山川地勢、城池道路、農田水利等情況，爲研究兩國歷史提供了珍貴文獻資料，對後世地志編纂也頗具影響，清人畢沅甚至認爲『一方之志，始於《越絶》』。

《越絶書》之卷帙，《七録》《隋書·經籍志》《直齋書録解題》俱稱十六卷；北宋《崇文總目》題十五卷，並云此書舊有内記八篇、外傳十七篇，共二十五篇，後部分亡佚；南宋晁公武《郡齋讀書志》著録十九篇。今本十五卷，卷數與《崇文總目》所記相同；計内傳四篇、内經二篇、外傳十三篇，共十九篇，篇數亦與《郡齋讀書志》所記相同。

《越絶書》宋代有秘閣藏本、紹興間許氏刻本、嘉定五年（一二一二）陳正卿刻本、嘉定十三年（一二二〇）丁黼刻本、嘉定十七年（一二二四）汪綱刻本，元代有大德十年（一三〇六）紹興路刻本，今皆不傳。明以後版本衆多。

本次影印以上海圖書館藏明嘉靖二十四年（一五四五）刻本爲底本，原書框高十八・三厘米，廣十三・七厘米。此本爲該書現存最早刻本，曾歷經王士禎、莫棠、王體仁、朱遂翔諸家遞藏。

漁洋山人舊藏

陸心源跋此本議常熟瞿氏以為田汝成刻之
非而目此為劉恆本實則此乃嘉靖重刊而刻者
兩浙提學孔文谷也田序具詳陸亦未細繹於
後序跋而妄論何為哉此屬細故原可不辨
而陸乃斷斷言之故予著焉

陸又謂此本有闕葉按之不然或所
見偶佚耳

越絕書　十五卷　二冊　明嘉靖刊本

越絶書序

錢塘田汝成撰

越絶書一十五卷凡十有九篇爲内經者二内傳者四外傳者十有三或曰作於子貢或曰子胥豈其然哉内經内傳辭義奧衍究達天人明爲先秦文字外傳猥駁無倫而記地兩篇雜以秦漢殆多後人附益無疑也本事篇序則又依託春秋引證獲麟歸於符應若何休之徒爲公羊之學者

故知是書成非一手習其可信而畧其所疑亦可以苴埤史氏之闕脫矣其曰越絶義含兩端或曰奇絶或曰斷絶句踐困憊餘魂弱身强志轉敗爲功得非夷裔雄材曠世奇事乎故解者曰絶者絶也謂句踐時也誠積於中而威發於外内能約已外能絶人故曰越絶齊將伐魯仲尼耻之子貢一出而動四國遂以興越滅吴亂齊伯晉魯恃以無恐而春秋所紀二百二十四

年諸侯之事適以於越入吳終焉故解者曰聖人發一隅辯士宣其辭聖文絕於此辯士絕於彼故曰越絕愚謂二說殊科咸從臆決折衷確貫則前說爲優夫吳越保界遐陬勢同脣齒持信義以相恤則敗亡之禍安從生哉而互爲窺窬日尋戈矛隙劇仇深一施一復興廢之際天人昭矣方吳之初伐越也歲在牽牛史墨占之以爲越得歲而吳伐之必受其咎越人迎擊闔

廬殲焉蓋吳之違天也是以有檇李之辱夫差畜憤父讐冀於必報人謀定矣越雖得天未可逞也句踐不納范蠡之諫而先事襲之訖用大敗蓋越之違人也是以有會稽之辱越王卑詞厚禮請成於吳吳人許之殆天意焉而越王苦身焦思約己阜民折節賢豪繕飾備利范伯治外大夫種治內計然盡策明於陰陽天人合矣夫差方且恣其淫心窮黷奢靡疏子胥而昵宰

嚭忠佞倒植當是時人有言宰嚭死者仲尼曰否否天生宰嚭以亡吳也吳不亡嚭將無死嗟乎天人之度不更昭乎終以勤兵遠略而越乘虛擣之吳是以有姑蘇之辱其時越猶未能即有吳也而與之平夫差苟有志焉或能以一旅自奮而觳觫跧安餘身無幾越且假仁微譽取舍循方人事備矣天眷殷矣吳是以有甬東之辱嗣是越勢益張威振上國會諸侯於徐州主

歸侵地天王致胙比跡桓文鴻烈徽名彈壓宇內謂之越絕不亦宜乎夫吳越比壤而封吳之視越也猶擾虎也跳梁不出楯檻之間其大小強弱不敵明甚然吳以強大而敗越以弱小而興形勢非偶安所論哉善乎范蠡有言持盈者與天定傾者與人夫差拙於持盈而句踐工於定傾則其興廢之際又何疑焉文谷孔子提學兩浙得是書而悅之日入其疆而不習其故非

學也校其訛舛而付梓焉以予爲吴越之遺黎也屬序於予爲之引端若此而歸之天人之度焉嗚呼順天者祥逆天者殃修人者昌怠人者荒豈惟吴越爲然持以考百代之推遷其故可立睹也

嘉靖二十四年秋九月

越絶書

越絶外傳本事第一

問曰何謂越絶越者國之氏也何以言之按春秋序齊魯皆以國爲氏姓是以明之絶者絶也謂句踐時也當是之時齊將伐魯孔子耻之故子貢說齊以安魯子貢一出亂齊破吴興晉彊越其後賢者辯士見夫子作春秋而略吴越又見子貢與聖人相去不遠脣之與齒表之與裏葢要其意

姚江夏恕刊

覽史記而述其事也

問曰何不稱越經書記而言絕乎曰不也絕者絕也句踐之時天子微弱諸侯皆叛於是句踐抑彊扶弱絕惡反之於善取舍以道沛歸於宋浮陵以付楚臨沂開陽復之於魯中國侵伐因斯衰止以其誠在於內威發於外越專其功故曰越故作此者貴其內能自約外能絕人也賢者所述不可斷絕故不爲記明

問曰桓公九合諸侯一匡天下任用賢者誅服彊楚何不言齊絶乎曰桓公中國兵彊霸世之後威凌諸侯服彊楚此正宜耳夫越王句踐東垂海濱夷狄文身躬而自苦任用賢臣轉死爲生以敗爲成越伐彊吳尊事周室行霸琅邪躬自省約率道諸侯貴其始微終能以霸故與越專其功而有之也

問曰然越專其功而有之何不第一而卒

本吴太伯爲曰小越而大吴小越大吴奈何曰吴有子胥之教霸世甚久北陵齊楚諸侯莫敢叛者乘薛許邾婁莒旁轂趨走越王句踐屬芻莝養馬諸侯從之若果中之李反邦七年焦思苦身克已自責任用賢人越伐彊吴行霸諸侯故不使越第一者欲以貶大吴顯弱越之功也

問曰吴亾而越興在天與在人乎皆人也夫差失道越亦賢矣濕易雨飢易助曰何

以知獨在人乎子貢與夫子坐告夫子曰太宰死夫子曰不死也如是者再子貢再拜而問何以知之夫子曰天生宰嚭者欲以亾吳吳今未亾宰何病乎後人來言不死聖人不妄言是以明知越霸矣何以言之曰種見蠡之時相與謀道東南有霸兆不如往仕相要東游入越而止賢者不妄言以是知之焉

問曰越絕誰所作吳越賢者所作也當此

之時見夫子刪書作春秋定王制賢者嗟歎決意覽史記成就其事
問曰作事欲以自著今但言賢者不言姓字何曰是人有大雅之才直道一國之事不見姓名小之辭也或以爲子貢所作當挾四方不當獨在吳越其在吳越亦有因矣此時子貢爲魯使或至齊或至吳其後道事以吳越爲喻國人承述故直在吳越也當是之時有聖人教授六藝刪定五經

七十二子養徒三千講習學問魯之闕門越絕小藝之文固不能布於四方焉有誦讀先聖賢者所作未足自稱載列姓名直斥以身者也一說蓋是子胥所作也夫人情泰而不作窮則怨恨怨恨則作猶詩人失職怨恨憂嗟作詩也子胥懷忠不忍君沈惑於讒社稷之傾絕命危邦不顧長生切切爭諫終不見聽憂至患致怨恨作文不侵不差抽引本末明已無過終不遺力

誠能極智不足以身當之嫌於求譽是以不著姓名直斥以身者也後人述而說之乃稍成中外篇焉

問曰或經或傳或内或外何謂曰經者論其事傳者道其意外者非一人所作頗相覆載或非其事引類以託意說之者見夫子删詩書就經易亦知小藝之復重又各辯士所述不可斷絕小道不通偏有所期明說者不專故删定復重以爲中外篇一作

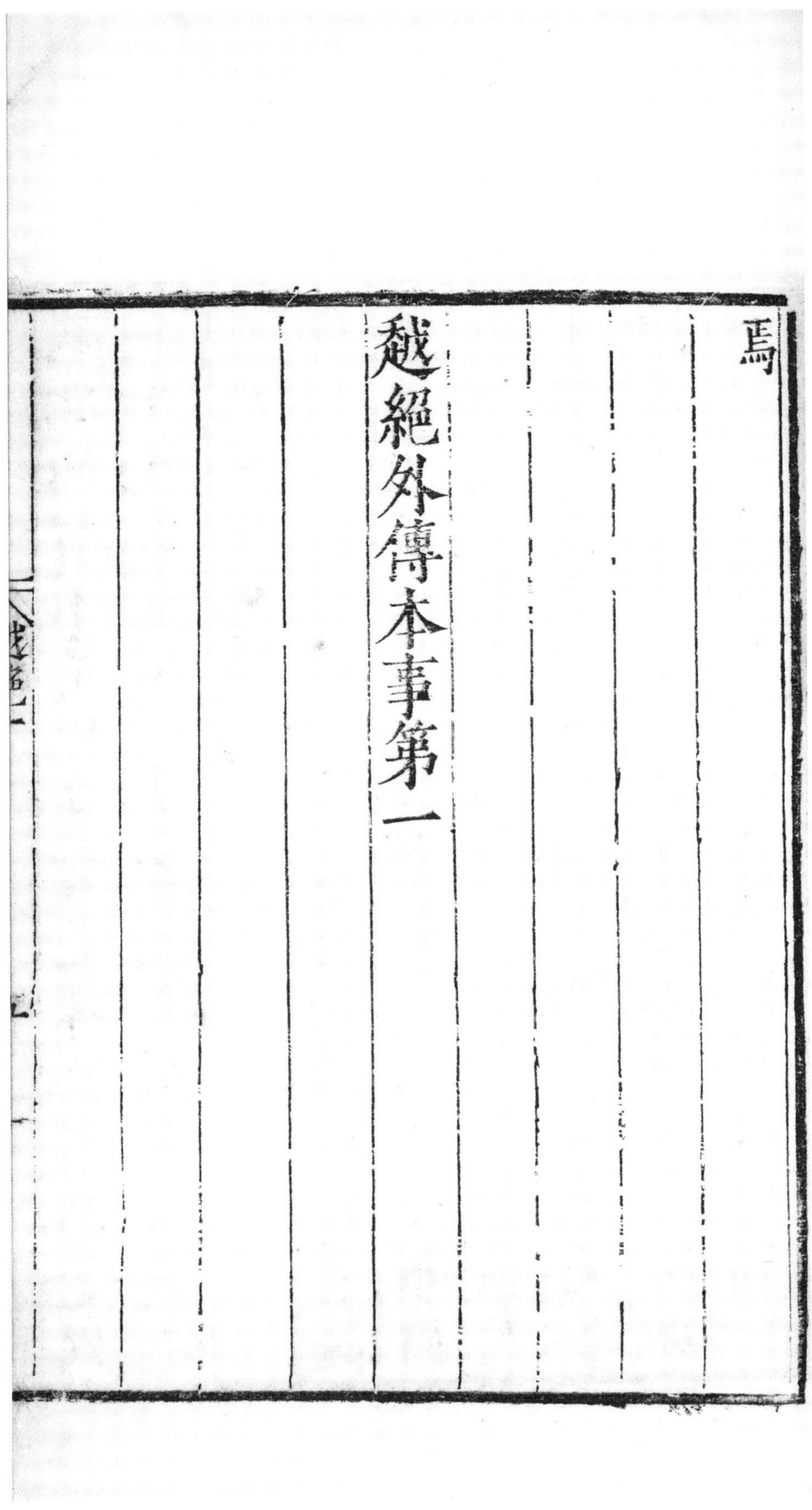

馬

越絶外傳本事第一

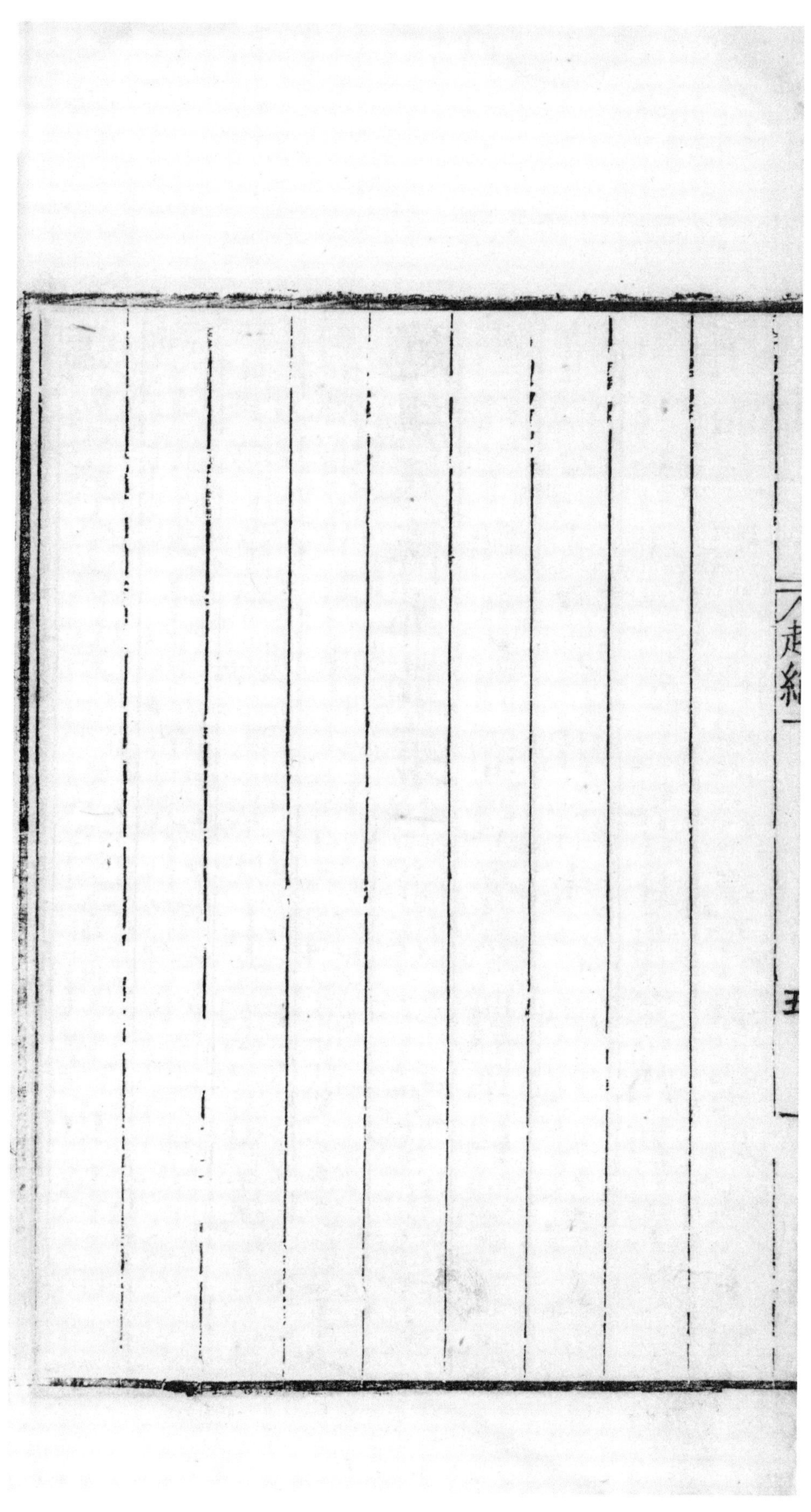

越絕卷第一

越絕荆平王内傳第二

昔者荆平王有臣伍子奢奢得罪於王且殺之其二子出走伍子尚奔吴伍子胥奔鄭王召奢而問之曰若召子孰來也子奢對曰王問臣對而畏死不對不知子之心者尚爲人也仁且智來之必入胥爲人也勇且智來必不入胥且奔吴邦君王必早閉而晏開胥將使邊境有大憂於是王即

使使者召子尚於吳曰子父有罪子入則
免之不入則殺之子胥聞之使人告子尚
於吳吾聞荆平王召子子必毋入胥聞之
入者竊出者報仇入者皆死是不智也死
而不報父之仇是非勇也子尚對曰入則
免父之死不入則不仁愛身之死絶父之
望賢士不爲也意不同謀不合子其居尚
請入荆平王復使使者召子胥於鄭曰子
入則免父死不入則殺之子胥介冑彀弓

出見使者謝曰介冑之士固不拜矣一作也請有道於使者王以奢爲無罪赦而蓄之其子又何適乎使者還報荆平王王知子胥不入也殺子奢而并殺子尚子胥聞之即從横嶺上大山北望齊晉謂其舍人曰去此邦堂堂被山帶河其民重移一作於後是乃南奔吴至江上見漁者曰來渡我漁者知其非常人也欲往渡之恐人知之歌而往過之曰日昭昭侵以施與子期甫蘆

之碕子胥即從漁者之蘆碕日入漁者復歌往曰心中目施子可渡河何爲不出船到即載入船而伏半江而仰謂漁者曰子之姓爲誰還得報子之厚德漁者曰縱荆邦之賊者我也報荆邦之仇者子也兩而不仁何相問姓名爲子胥即解其劒以與漁者曰吾先人之劒直百金請以與子也漁者曰吾聞荆平王有令曰得伍子胥者購之千金今吾不欲得荆平王之千金何

以百金之劍爲漁者渡于千斧之津乃發其簞飯清其壺漿而食曰亟食而去毋令追者及子也子胥曰諾子胥食巳而去顧謂漁者曰掩爾壺漿無令之露漁者曰諾子胥行即覆船挾匕首自刎而死江水之中明無洩也子胥遂行至溧陽界中見一女子擊絮於瀨水之中子胥曰豈可得託食乎女子曰諾即發簞飯清其壺漿而食之子胥食巳而去謂女子曰掩爾壺漿毋

令之露女子曰諾子胥行五步還顧女子自縱於瀨水之中而死子胥遂行至吳徒跣被髮乞於吳市三日市正疑之而道於闔廬曰市中有非常人徒跣被髮乞於吳市三日矣闔廬曰吾聞荆平王殺其臣伍子奢而非其罪其子子胥勇且智彼必經諸侯之邦可以報其父仇者王即使召子胥入吳王下階迎而唁數之曰吾知子非恒人也何素窮如此子胥跪而垂泣曰胥

父無罪而平王殺之而并其子尚子胥遯
遯出走唯大王可以歸骸骨者惟大王哀
之吳王曰諾上殿與語三日三夜語無復
者王乃號令邦中無貴賤長少有不聽子
胥之教者猶不聽寡人也罪至死不赦子
胥居吳三年大得吳衆闔廬將爲之報仇
子胥曰不可臣聞諸侯不爲匹夫興師於
是止其後荆將伐蔡子胥言之闔廬即使
子胥救蔡而伐荆十五戰十五勝荆平王

已死子胥將卒六千操鞭捶笞平王之墓而數之曰昔者吾先人無罪而子殺之今此報子也之一作後子昭王臣司馬子其令尹子西歸相與計謀子胥不死又不入荊邦猶未得安爲之奈何莫若求之而與之同邦乎昭王乃使使者報子胥於吳曰昔者吾先人殺子之父而非其罪也寡人尚少未有所識也今子大夫報寡人也特甚然寡人亦不敢怨子今子大夫何不來歸

子故墳墓丘冢爲我邦雖小與子同有之民雖少與子同使之子胥曰以此爲名名即章以此爲利利即重矣前爲父報仇後求其利賢者不爲也父已死子食其禄非父之義也使者遂還乃報荆昭王曰子胥不入荆邦明矣

越絶卷第一

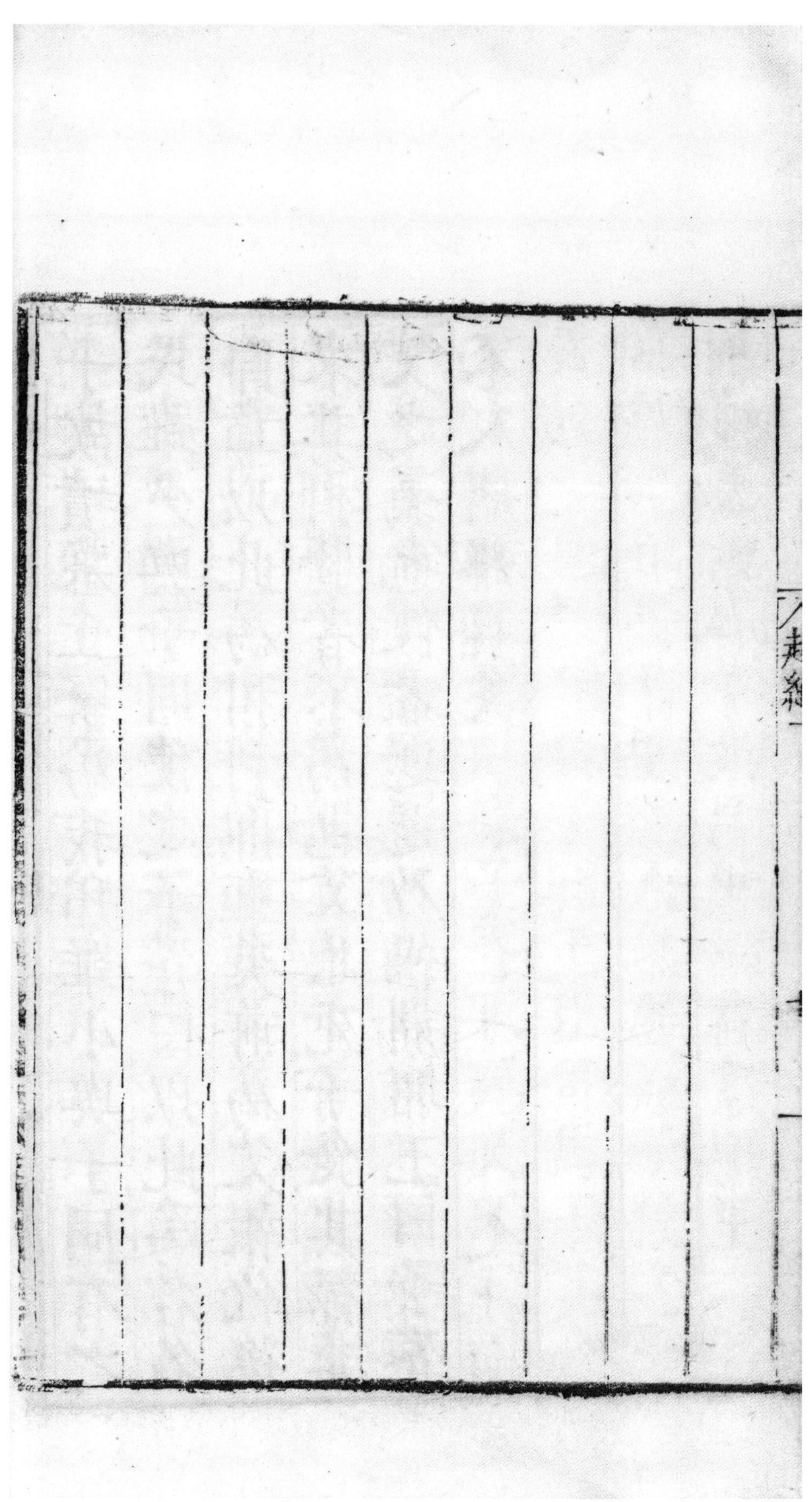

吴世家集解引越絶書曰太伯到夫差二十六代且千歲索隱按太伯至壽夢十九代諸樊已下六王唯二十五年

越絶卷第二

越絶外傳記吴地傳第三

昔者吴之先君太伯周之世武王封太伯於吴到夫差計二十六世且千歲闔廬之時大霸築吴越城城中有小城二徙治胥山後二世而至夫差立二十三年越王句踐滅之

闔廬宮在高平里

射臺二一在華池昌里一在安陽里

南越宮在長樂里東到春申君府秋冬治城中春夏治姑胥之臺旦食於紐山晝遊於胥毋射於軀陂馳於遊臺興（一作輿）樂越走犬長洲吳王大霸楚昭王孔子時也吳大城周四十七里二百一十步二尺陸門八其二有樓水門八南面十里四十二步五尺西面七里百一十二步三尺北面八里二百二十六步三尺東面十一里七十九步一尺闔廬所造也吳郭周六十八

里六十步
吴小城周十二里其下廣二丈七
丈七尺門三皆有樓其二增水門二其一
有樓一增柴路
東宫周一里二百七十步路西宫在長秋
周一里二十六步秦始皇帝十一年守宫
者照燕失火燒之
伍子胥城周九里二百七十步小城東西
從武里面從小城北邑中徑從閶門到婁

門九里七十二步陸道廣二十三步平門到蛇門十里七十五步陸道廣三十三步水道廣二十八步

吴古故陸道出胥明奏出土山度灌邑奏高頸過猶山奏大湖隨北顧以西度陽下溪過歷山陽龍尾西大决通安湖

吴古故水道出平門上郭池入瀆出巢湖上歷地過梅亭入楊湖出漁浦入大江奏廣陵

吳古故從由拳辟塞度會夷奏山陰辟塞
者吳備候塞也居東城者闔廬所遊城也
去縣二十里
柴辟亭到語兒就李吳侵以爲戰地
百尺瀆奏江吳以達糧
千里廬虛者闔廬以鑄干將劍歐冶僮女
三百人去縣二里南達江
閶門外高[illegible]東桓石人古者名石公去
縣二十里

閶門外郭中冢者闔廬冰室也

闔廬冢在閶門外名虎丘下池廣六十步水深丈五尺銅槨三重墳池六尺玉鳧之流扁諸之劒三千方圓之口三千時耗魚腸之劒在焉千萬人築治之取土臨湖口築三日而白虎居上故號虎丘

虎丘北莫格冢古賢者避世冢去縣二十里

被奏冢鄧大冢是也去縣四十里

吳世家集解引越絶書曰闔廬冢在吳縣昌門外名曰虎邱下池廣六十步水深一丈五尺桐棺三重澒池六尺玉鳧之流扁諸之劒三千方員之口三千槃郢魚腸之劒在焉卒十餘萬人治之取土臨湖葬之三日白虎居其上故號曰虎邱
索隱澒音胡貢反以水銀為池

闔廬子女冢在閶門外道北下方池廣四十八步水深二丈五尺池廣六十步水深丈五寸隧出廟路以南通姑胥門并周六里舞鶴吳市殺生以送死

餘杭城者襄王時神女所葬也神多靈

巫門外麋湖西城越宋王城也時與摇城王周宋君戰於語招殺周宋君毋頭騎歸至武里死亾葬武里南城午日死也

巫門外冢者闔廬冰室也

巫門外大冢吳王客齊孫武冢也去縣十里善爲兵法

地門外塘波洋中世子塘者故曰王世子造以爲田塘去縣二十五里

洋中塘去縣二十六里

蛇門外大丘吳王不審名冢也去縣十五里

築塘北山者吳王不審名冢也去縣二十里

史記孫子列傳孫子武者
齊人也以兵法見於吴王闔
廬正義引魏武帝云孫子
者齊人事於吴王闔廬闔
為吴將作兵法十三篇
孫子列傳集解引越絕書
曰吴縣巫門外大冢孫武冢
也去縣十里
索隱越絕書子貢所作恐著
非也具書多記吴越亡後土
地或後人所録
正義引七録云越絕十六卷
或云伍子胥撰

近門外欐溪櫝中連鄉大丘者吴故神巫所葬也去縣十五里

婁門外馬亭溪上復城者故越王餘復君所治也去縣八十里是時烈王歸於越所載襄王之後不可繼述其事書之馬亭溪

婁門外鴻城者故越王城也去縣百五十里

婁門外雞陂墟故吴王所畜雞使李保養之去縣二十里

巫門外大冢吳王客齊孫武冢也去縣十
里善爲兵法
地門外塘波洋中世子塘者故曰王世子
造以爲田塘去縣二十五里
洋中塘去縣二十六里
蛇門外大丘吳王不審名冢也去縣十五
里
築塘北山者吳王不審名冢也去縣二十
里

近門外欐溪櫝中連鄉大丘者吴故神巫所葬也去縣十五里

婁門外馬亭溪上復城者故越王餘復君所治也去縣八十里是時烈王歸於越所載襄王之後不可繼述其事書之馬亭溪

婁門外鴻城者故越王城也去縣百五十里

婁門外雞陂墟故吴王所畜雞使李保養之去縣二十里

胥門外有九曲路闔廬造以遊姑胥之臺以望太湖中闚百姓去縣三十里

齊門闔廬伐齊大克取齊王女爲質子爲造齊門置於水海虛其臺在車道左水海右去縣七十里齊女思其國死葬虞西山

吳北野禺櫟東所舍大疁者吳王田也去縣八十里

吳西野鹿陂者吳王田也今分爲耦瀆胥卑虛去縣二十里

吴北野胥主㽲者吴王女胥主田也去縣八十里

麋湖城者闔廬所置麋也去縣五十里

欐溪城者闔廬所置船宫也闔廬所造

婁門外力士者闔廬所造以備外越

巫欐城者闔廬所置諸侯遠客離城也去縣十五里

由鍾窮隆山者古赤松子所取赤石脂也去縣二十里子胥死民思祭之

柞碓山故爲鶴阜山禹遊天下引湖中柯
山置之鶴阜更名柞碓
放山者在柞碓山南以取長之人一作柞碓
山下故有鄉名柞邑吴王惡其名内郭中
名通陵鄉
柞碓山南有大石古者名爲墜星去縣一
十里
撫侯山者故闔廬治以諸侯冢次去縣二
十里

吴東一作米徐亭東西南北通溪者越荆王所置與麋湖相通也

馬安溪上干城者越干王之城也去縣七十里

巫門外冢山大冢故越王王史冢也去縣二十里

搖城者吴王子居焉後越搖王居之稻田三百頃在邑東南肥饒水絶去縣五十里

胥女大冢吴王不審名冢也去縣四十五

里
蒲姑大冢吳王不審名冢也去縣三十里
古城者吳王闔廬所置美人離城也去縣
七十里
通江南陵搖越所鑿以伐上舍君去縣五
十里
婁東十里坑者古名長人坑從海上來去
縣十里
海鹽縣始爲武原鄉

婁北武城，闔廬所以候外越也，去縣三十里，今爲鄉也。

宿甲者，吳宿兵候外越也，去縣百里，其東大冢，搖王冢也。

烏程、餘杭、黝、歙、無湖、石城縣以南，皆故大越徙民也，秦始皇帝刻石徙之。

烏傷縣常山，古人所採藥也，高且神。

齊鄉，周十里二百一十步，其城六里三十步，牆高丈二尺，百七十步，竹格門三，其二

有屋
虞山者巫咸所出也虞故神出奇怪去縣百五里
毋陵道陽朔三年太守周君造陵道語昭郭周十里百一十步牆高丈二尺陵門四皆有屋水門二
無錫城周二里十九步高二丈七尺門一樓四其郭周十一里百二十八步牆一丈七尺門皆有屋

無錫歷山春申君時盛祠以牛立無錫塘去吴百二十里

無錫湖者春申君治以爲陂鑿語昭瀆以東到大田田名胥卑鑿胥卑下以南注大湖以寫西野去縣三十五里

無錫西龍尾陵道者春申君初封吴所造也屬於無錫縣以奏吴北野胥主疁曲阿故爲雲陽縣

毗陵故爲延陵吴季子所居

毗陵縣南城故古淹君地也東南大冢淹君子女冢也去縣十八里吳所葬

毗陵上湖中冢者延陵季子冢也去縣七十里上湖通上洲季子冢古名延陵墟

蒸山南面夏駕大冢者越王不審名冢去縣三十五里

秦餘杭山者越王棲吳夫差山也去縣五十里山有湖水近太湖

夫差冢在猶高西卑猶位越王候干戈人

一累土以葬之近太湖去縣十七里

三臺者太宰嚭逢同妻子死所在也去縣十七里

太湖周三萬六千頃其千頃烏程也去縣五十里

無錫湖周萬五千頃其一千三頃毗陵上湖也去縣五十里一名射貴湖

尸湖周二千二百頃去縣百七十里

小湖周千三百二十頃去縣百里

者湖周六萬五千頃去縣百二十里
乘湖周五百頃去縣五里
猶湖周三百二十頃去縣十七里
語昭湖周二百八十頃去縣五十里
作湖周百八十頃聚魚多物去縣五十五
里
昆湖周七十六頃一畝去縣一百七十五
里一名隱湖
湖王湖當問之

冊湖當問之

吳王故祠江漢（一作海）於棠浦東江南爲方牆以利朝夕水古太伯君吳到闔廬時絶胥女南小蜀山春申君客衛公子冢也去縣三十五里

白石（一作公）山故爲胥女山春申君初封吳過更名爲白石去縣四十里

今太守舍者春申君所造後壁屋以爲桃夏宮

今宮者春申君子假君宮也前殿屋蓋地
東西十七丈五尺南北十五丈七尺堂高
四丈十霤高丈八尺殿屋蓋地東西十五
丈南北十丈二尺七寸戶霤高丈二尺庫
東鄉屋南北四十丈八尺上下戶各二南
鄉屋東西六十四丈四尺上戶四下戶三
西鄉屋南北四十二丈九尺上戶三下戶
二凡百四十九丈一尺檐高五丈二尺霤
高二丈九尺周一里二百四十一步春申

君所造
吳兩倉春申君所造西倉名曰均輸東倉周一里八步後燒更始五年太守李君治東倉爲屬縣屋不成
吳市者春申君所造闕兩城以爲市在湖里
吳諸里大閈春申君所造
吳獄庭周三里春申君時造
土一作云山者春申君時治以爲貴人冢次

去縣十六里

楚門春申君所造楚人從之故爲楚門

路丘大冢春申君客冢不立以道終之去縣十里

春申君楚考烈王相也烈王死幽王立封春申君於吳三年幽王徵春申爲楚令尹春申君自使其子爲假君治吳十一年幽王徵假君與春申君并殺之二君治吳凡十四年後十六年秦始皇并楚百越叛去

東名大越爲山陰也春申君姓黄名歇
巫山外罘罳者春申君去吴假君所思處
也去縣二十三里
壽春東鳧陵亢者古諸侯王所葬也楚威
王與越王無彊並威王後烈王子幽王後
懷王也懷王子頃襄王也秦始皇滅之秦
始皇造通陵南可通陵道到由拳塞同起
馬塘湛以爲陂治陵水道到錢唐越地通
浙江秦始皇發會稽適戍卒治通陵高以

南陵道縣相屬

秦始皇帝三十七年壞諸侯郡縣城

太守府大殿者秦始皇刻石所起也到更始元年太守許時燒六年十二月乙卯鑿官池東西十五丈七尺南北三十丈

漢高帝封有功劉賈爲荊王并有吳賈築吳市西城名曰定錯城屬小城北到平門丁將軍築治之十一年淮南王反殺劉賈後十年高皇帝更封兄子濞爲吳王治廣

陵并有吳立二十一年東渡之吳十日還去立三十二年反西到陳留縣還奔丹陽從東歐越王弟夷烏將軍殺濞東歐王爲彭澤王夷烏將軍今爲平都王濞父字爲仲

匠（一作近）門外信士里東廣平地者吳王濞時宗廟也太公高祖在西孝文在東去縣五里永光四年孝元帝時貢大夫請罷之

桑里東今舍西者故吳所畜牛羊豕雞也

名爲牛宫今以爲園

漢文帝前九年會稽并故鄣郡太守治故鄣都尉治山陰前十六年太守治吴郡都尉治錢唐

漢孝景帝五年五月會稽屬漢屬漢者始并事也漢孝武帝元封元年陽都侯歸義置由鍾由鍾初立去縣五十里

漢孝武元封二年故鄣以爲丹陽郡

天漢五年四月錢唐浙江岑石不見到七

年岑石復見越王句踐徙瑯邪凡二百四

十年

楚考烈王并越於瑯邪後四十餘年秦并

楚復四十年漢并秦到今二百四十二年

句踐徙瑯邪到建武二十八年凡五百六

十七年

越絕卷第二

越絕卷第三

越絕吳內傳第四

吳何以稱人乎夷狄之也憂中邦奈何乎伍子胥父誅於楚子胥挾弓身于闔廬闔廬曰士之其勇之甚將為之報仇子胥曰不可諸侯不為匹夫報仇臣聞事君猶事父也虧君之行報父之仇不可於是止蔡昭公南朝楚被羔裘囊瓦求之昭公不與即拘昭公南郢三年然後歸之昭公去

至河用事曰天下誰能伐楚乎寡人願爲前列楚聞之使囊瓦興師伐蔡昭公聞子胥在吳請救蔡子胥於是報闔廬曰蔡公南朝被羔裘囊瓦求之蔡公不與拘蔡公三年然後歸之蔡公至河曰天下誰能伐楚者乎寡人願爲前列楚聞之使囊瓦興師伐蔡蔡非有罪楚爲無道君若有憂中國之事意者時可矣闔廬於是使子胥興師救蔡而伐楚楚王已死子胥將卒六千

人操鞭捶笞平王墳曰昔者吾先君無罪而子殺之今此以報子也君舍君室大夫舍大夫室蓋有妻楚王母者囊瓦者何楚之相也郢者何楚王治處也吳師何以稱人吳者夷狄也而救中邦稱人賤之也

越王句踐欲伐吳王闔廬范蠡諫曰不可臣聞之天貴持盈持盈者言不失陰陽日月星辰之綱紀地貴定傾定傾者言地之長生丘陵平均無不得宜故曰地貴定傾

人貴節事節事者言王者以下公卿大夫當調陰陽和順天下事來應之物來知之天下莫不盡其忠信從其政教謂之節事節事者至事之要也天道盈而不溢盛而不驕者言天生萬物以養天下蠉飛蠕動各得其性春生夏長秋收冬藏不失其常故曰天道盈而不溢盛而不驕者也地道施而不德勞而不矜其功者也言地生長五穀持養萬物功盈德博是所施而不德

勞而不矜其功者矣言天地之施大而不有功者也人道不逆四時者言王者以下至於庶人皆當和陰陽四時之變順之者有福逆之者有殃故曰人道不逆四時之謂也因惛視動者言存亾吉凶之應善惡之叙必有漸也天道未作不先爲客者范蠡値吳伍子胥敎化天下從之未有死亾之失故以天道未作不先爲客言客者去其國入人國地兆未發不先動衆言王者

以下至於庶人非暮春中夏之時不可以種五穀興土利國家不見死亡之失不可伐也故地毛地毛未發不先動衆此之謂也吳人敗于就李吳之戰地敗者言越之伐吳未戰吳闔廬卒敗而去也卒者闔廬死也天子稱崩諸侯稱薨大夫稱卒士稱不祿闔廬諸侯也不稱薨而稱卒者何也當此之時上無明天子下無賢方伯諸侯力政疆者爲君南夷與北狄交爭中國不絕

如綫矣臣弑君子弑父天下莫能禁[illegible]於是孔子作春秋方據魯以王故諸侯死皆稱卒不稱薨避魯之謚也晉公子重耳之時天子微弱諸侯力政疆者爲君文公爲所侵暴失邦奔于翟三月得反國政敬賢明法率諸侯朝天子於是諸侯皆從天子乃尊此所謂晉公子重耳反國定天下齊公子小白亦反齊國而匡天下者齊大夫無知弑其君諸兒其子二人出奔公子糾

奔魯魯者公子糾毋之邦小白奔莒莒者小白毋之邦也齊大臣鮑叔牙爲報仇殺無知故興師之魯聘公子糾以爲君魯莊公不與莊公魯君也曰使齊以國事魯君與汝君不以國事魯我不與汝君於是鮑叔牙還師之莒取小白立爲齊君小白反國用管仲九合諸侯一匡天下故爲桓公此之謂也

堯有不慈之名堯太子丹朱倨驕懷禽獸

之心堯知不可用退丹朱而以天下傳舜此之謂堯有不慈之名舜有不孝之行舜親父假母母常殺舜舜去耕歷山三年大熟身自外養父母皆飢舜父頑母嚚兄狂弟敖舜求爲變心易志舜爲瞽瞍子也瞽瞍欲殺舜未嘗可得呼而使之未嘗不在側此舜有不孝之行舜用其仇而王天下者言舜父瞽瞍用其後妻常欲殺舜舜不爲失孝行天下稱之堯聞其賢遂以天下

傳之此爲王天下仇者舜後毋也桓公召
其賊而霸諸侯者管仲臣於桓公兄公子
糾糾與桓爭國管仲張弓射桓公中其帶
鉤桓公受之赦其大罪立爲齊相天下莫
不向服慕義是謂召其賊霸諸侯也
夏啓獻犧於益啓者禹之子益與禹臣於
舜舜傳之禹薦益而封之百里禹崩啓立
曉知王事達於君臣之義益死之後啓歲
善犧牲以祠之經曰夏啓善犧於益此之

謂也
湯獻牛荆之伯之伯者荆州之君也湯行
仁義敬鬼神天下皆一心歸之當是時荆
伯未從也湯於是乃飾犧牛以事荆伯乃
媿然曰失事聖人禮乃委其誠心此謂湯
獻牛荆之伯也
越王句踐反國六年皆得士民之衆而欲
伐吳於是乃使之維甲維甲者治甲系斷
修循一作内矛赤雞稽繇者也越人謂人鎩

也方舟航買儀塵者越人往如江也治須慮者越人謂船爲須慮亟怒紛紛者怒貌也怒至士擊高文者躍勇士也習之於夷夷海也宿之於萊萊野也致之於單單者堵也

舜之時鯀不從令堯遭帝嚳之後亂洪水滔天堯使鯀治之九年弗能治堯七十年而得舜舜明知人情審於地形知鯀不能治數諫不去堯殛之羽山此之謂舜之時

鯀不從令也

殷湯遭夏桀無道殘賊天下於是湯用伊尹行至聖之心見桀無道虐行故伐夏放桀而王道興躍革亂補弊移風易俗改制作新海内畢貢天下承風湯以文聖此之謂也

文王以務爭者紂爲天下殘賊奢佚不顧邦政文王百里見紂無道誅殺無刑賞賜不當文王以聖事紂天下皆盡誠知其賢

聖從之此謂文王以務爭也紂以惡刑爭文王行至聖以仁義爭此之謂也武王以禮信文王死九年天下八百諸侯皆一旦會於孟津之上不言同辭不呼自來盡知武王忠信欲從武王與之伐紂當是時比干箕子微子尚在武王賢之未敢伐也還諸侯歸二年紂賊比干囚箕子微子去之刳妊婦殘朝涉武王見賢臣已亡乃朝天下興師伐紂殺之武王未下車封

比干之墓發太倉之粟以賵天下封微子於宋此武王以禮信也

周公以盛德武王封周公使傅相成王成王少周公臣事之當是之時賞賜不加於無功刑罰不加於無罪天下家給人足禾麥茂美使人以時說之以禮上順天地澤及夷狄於是管叔蔡叔不知周公而讒之成王周公乃辭位出巡狩於邊一年天暴風雨日夜不休五穀不生樹木盡偃成王

大恐乃發金縢之櫃察周公之册知周公乃有盛德王乃夜迎周公流涕而行周公反國天應之福五穀皆生樹木皆起天下皆實此周公之盛德也

越絕卷第三

越絶卷第四

越絶計倪内經第五

昔者越王句踐既得反國欲陰圖吴乃召計倪而問焉曰吾欲伐吴恐弗能取山林幽冥不知利害所在西則迫江東則薄海水屬蒼天下不知所止交錯相過波濤濬流沈而復起因復相還浩浩之水朝夕既有時動作若驚駭聲音若雷霆波濤援而起船失不能救未知命之所維念樓船之

苦涕泣不可止非不欲爲也時返不知所在謀不成而息恐爲天下咎以敵攻敵未知誰負大邦既已備小邑既已保五穀既已收野無積庾廩糧則不屬無所安取恐津梁之不通勞軍紆吾糧道吾聞先生明於時交察於道理恐動而無功故問其道計倪對曰是固不可興師者必（一有須字）先蓄積食錢布帛不先蓄積士卒數飢飢則易傷重遲不可戰戰則耳目不聰明耳不能

聽視不能見什部之不能使退之不能解進之不能行飢饉不可以動神氣去而萬里伏弩而乳郅頭而皇皇彊弩不彀發不能當旁軍見弱走之如犬逐羊靡從部分伏地而死前頓後僵與人同時而戰獨一無獨字受天之殃未必天之罪也亦在其將王興師以年數恐一旦而亡失邦無明筋骨爲野越王曰善請問其方吾聞先生明於治歲萬物盡長欲聞其治術可以爲教常

子明以告我寡人弗敢忘計倪對曰人之生無幾必先憂積蓄以備妖祥凡人生或老或弱或彊或怯不早備生不能相葬王其審之必先省賦歛勸農桑飢饉在問或水或塘因熟積以備四方師出無時未知所當應變而動隨物常羊卒然有師彼日以弱我日以彊得世之和擅世之陽王無忽忘慎無如會稽之飢不可再更王其審之嘗言息貨王不聽臣故退而不言處於

吳楚越之間以魚三邦之利乃知天下之易反也臣聞君自耕夫人自織此竭於庸力而不斷時與智也時斷則循智斷則備知此二者形於體萬物之情短長逆順可觀而已臣聞炎帝有天下以傳黃帝黃帝於是上事天下治地故少昊治西方蚩尤佐之使主金玄冥一作目宿治北方白辯佐之使主水太皞治東方袁何佐之使主木祝融治南方僕程佐之使主火后土治中央

后稷佐之使主土並有五方以爲綱紀是以易地而輔萬物之常王審用臣之議大則可以王小則可以霸於何有哉越王曰請問其要計倪對曰太陰三歲處金則穰三歲處水則毀三歲處木則康三歲處火則旱故散有時積糴有時領則決萬物不過三歲而發矣以智論之以決斷之以道佐之斷長續短一歲再倍其次一倍其次而反水則資車旱則資舟物之理也天下

六歲一穰六歲一康凡十二歲一飢是以民相離也故聖人早知天地之反爲之預備故湯之時比七年旱而民不飢禹之時比九年水而民不流其主能通習源流以任賢使能則轉轂乎千里外貨可來也不習則百里之内不可致也人主所求其價十倍其所擇者則無價矣夫人主利源流非必身爲之也視民所不足及其有餘爲之命以利之而來諸侯守法度任賢使能

償其成事傳其驗而已如此則邦富兵彊而不衰矣羣臣無空恭之禮淫佚之行務有於道術不習源流又不任賢使能諫者則誅則邦貧兵弱刑繁則羣臣多空恭之理淫佚之行矣夫諛者反有德忠者反有刑去刑就德人之情也邦貧兵弱致亂雖有聖臣亦不諫也務在諛主而已矣今夫萬民有明父母亦如邦有明主父母利源流明其法術以任賢子徼成其事而已則

家富而不衰矣不能利源流又不任賢子賢子有諫者憎之如此者不習於道術也愈信其意而行其言後雖有敗不自過也夫父子之爲親也非得不諫諫而不聽家貧致亂雖有聖子亦不治也務在於諛之而已父子不和兄弟不調雖欲富也必貧而日衰越王曰善子何年少於物之長也計倪對曰人固不同惠種生聖癡種生狂桂實生桂桐實生桐先生者未必能知後

生者未必不能明是故聖主置臣不以少
長有道者進無道者退愚者日以退聖者
日以長人主無私賞者有功越王曰善論
事若是其審也物有妖祥乎計倪對曰有
陰陽萬物各有紀綱日月星辰刑德變爲
吉凶金木水火土更勝月朔更建莫主其
常順之有德逆之有殃是故聖人能明其
刑而處其鄉從其德而避其衡凡舉百事
必順天地四時參以陰陽用之不審舉事

有殃人生不如臥之頃也欲變天地之常數發無道故貧而命不長是聖人并苞而陰行之以感愚夫衆人容容盡欲富貴莫知其鄉越王曰善請問其方計倪對曰從寅至未陽也太陰在陽歲德在陰歲美在是聖人動而應之制其收發當以太陰在陰而發陰且盡之歲亟賣六畜貨財以益收五穀以應陽之至也陽且盡之歲亟發糴以收田宅牛馬積斂貨財聚棺木以應

陰之至也此皆十倍者也其次五倍天有時而散是故聖人反其刑順其衡收聚而不散越王曰善今歲比熟尚有貧乞者何也計倪對曰是故不等猶同毋之人異父之子動作不同術貧富故不等如此者積負於人不能救其前後志意侵下作務日給非有道術又無上賜貧乞故長久越王曰善大夫佚同若成嘗與孤議於會稽石室孤非其言也今大夫言獨與孤比請遂

受教焉計倪曰糴石二十則傷農九十則
病末農傷則草木不辟末病則貨不出故
糴高不過八十下不過三十農末俱利矣
故古之治邦者本之貨物官市開而至越
王曰善計倪乃傳其教而圖之曰審金木
水火别陰陽之明用此不患無功越王曰
善從今以來傳之後世以爲教乃著其法
治牧江南七年而禽吳也甲貨之戸曰粢
爲上物賈七十乙貨之戸曰黍爲中物石

六十丙貨之戶曰赤豆爲下物石五十丁
貨之戶曰稻粟令爲上種石四十戊貨之
戶曰麥爲中物石三十巳貨之戶曰大豆
爲下物石二十庚貨之戶曰穬比疏食故
無賈辛貨之戶曰菓比疏食無賈壬癸無
貨

越絕卷第四

越絶卷第五

越絶請糴内傳第六

昔者越王句踐與吳王夫差戰大敗保棲於會稽山上乃使大夫種求行成於吳吳許之越王去會稽入官於吳三年吳王歸之大夫種始謀曰昔者吳夫差不顧義而媿吾王種觀夫吳甚富而財有餘其刑繁法逆民習於戰守莫不知也其大臣好相傷莫能信也其德衰而民好負善且夫吳

王又喜安佚而不聽諫細誣而寡智信讒諛而遠士數傷人而亟亾之少明而不信人希須臾之名而不顧後患君王盍少求卜焉越王曰善卜之道何若大夫種對曰君王卑身重禮以素忠爲信以請糴於吳天若棄之吳必許諾於是乃卑身重禮以素忠爲信以請於吳將與申胥進諫曰不可夫王與越也接地鄰境道徑通達仇讎敵戰之邦三江環之其民無所移非吳有

越越必有吳且夫君王兼利而弗取輸之粟與財財去而凶來凶來而民怨其上是養寇而貧邦家也與之不爲德不若止且越王有智臣曰范蠡勇而善謀將修士卒飾戰具[illegible]閒也胥聞之夫越王之謀非有忠素請糴也將以此試我以此卜要君王以求益親安君王之志我君王不知省也而救之是越之福也吳王曰我卑服越有其社稷句踐既服爲臣爲我駕舍却

行馬前諸侯莫不聞知今以越之飢吾與之食我知句踐必不敢申胥曰越無罪吾君王急之不遂絕其命又聽其言此天之所反也忠諫者逆而諛諫者反親今狐雉之戲也狐體卑而雉懼之夫獸虫尚以詐相就而況於人乎吳王曰越王句踐有急而寡人與之其德章而未靡句踐其敢與諸侯反我乎申胥曰臣聞聖人有急則不羞爲人臣僕而志氣見人今越王爲吾蒲

伏約一作納辭服爲臣下其執禮過吾君不知省也而已故勝威之臣聞很子野心仇讎之人不可親也夫鼠忘壁壁不忘鼠今越人不忘吳矣胥聞之拂音弼勝則社稷固諛勝則社稷危胥先王之老臣不忠不信則不得爲先王之老臣君王胡不覽觀夫武王之伐紂也今不出數年鹿豕遊於姑胥之臺矣太宰嚭從旁對曰武王非紂臣耶率諸侯以殺其君雖勝可謂義乎申胥

曰武王則已成名矣太宰嚭曰親僇主成
名弗忍行申胥曰美惡相入或甚美以亾
或甚惡以昌故在前世矣嚭何惑吾君王
也太宰嚭曰申胥爲人臣也辯其君何必
翽翽乎申胥曰太宰嚭面諛以求親乘吾
君王幣帛以求威諸侯以成富焉今我以
忠辯吾君王譬浴嬰兒雖啼勿聽彼將有
厚利嚭無乃諛吾君王之欲而不顧後患
乎吳王曰嚭止子無乃向寡人之欲乎此

非忠臣之道太宰嚭曰臣聞春日將至百草從時君王動大事羣臣竭力以佐謀因遜遯之舍使人微告申胥於吳王曰申胥進諫外貌類親中情甚踈類有外心君王常親覩其言也胥則無父子之親君臣之施矣吳王曰夫申胥先王之忠臣天下之健士也胥殆不然乎哉子毋以事相差毋以私相傷以動寡人此非子所能行也太宰嚭對曰臣聞父子之親張尹別居贈臣

妾馬牛其志加親若不與一錢其志斯踈
父子之親猶然而况於士乎且有知不竭
是不忠竭而顧難是不勇下而令上是無
法吳王乃聽太宰嚭之言果與粟申胥遜
遯之舍歎曰於乎嗟君王不圖社稷之危
而聽一日之說弗對以斥傷大臣而王用
之不聽輔弼之臣而信讒諛容身之徒是
命短矣以爲不信胥願廓目于邦門以觀
吳邦之大敗也越人之入我王親所禽哉

太宰嚭之交逢同謂太宰嚭曰子難人申胥請爲卜焉因往見申胥胥方與被離坐申胥謂逢同曰子事太宰嚭又不圖邦權而惑吾君王君王之不省也而聽衆彘之言君王忘邦嚭之罪也亡日不久也逢同出造太宰嚭曰今日爲子卜於申胥胥誹謗其君不用胥則無後而君王覺而遇矣謂太宰嚭曰子勉事一作多後矣吳王之情在子乎太宰嚭曰智之所生不在貴賤長

少此相與之道逢同出見吳王慚然有憂色逢同垂泣不對吳王曰夫嚭我之忠臣子爲寡人遊目長耳將誰怨乎逢同對曰臣有患也臣言而君行之則無後憂若君王弗行臣言而死矣王曰子言寡人聽之逢同曰今日往見申胥申胥與被離坐其謀慙然類欲有害我君王今申胥進諫類忠然中情至惡内其身而心野狠君王親之不親逐之不逐親之乎彼聖人也將更

然有怨心不已逐之乎彼賢人也知能害我君王殺之爲乎可殺之亦必有以也吳王曰今圖申胥將何以逢同對曰君王興兵伐齊申胥必諫曰不可王無聽而伐齊必大克乃可圖之於是吳王欲伐齊召申胥對曰臣老矣耳無聞目無見不可與謀吳王召太宰嚭而謀嚭曰善哉王興師伐齊也越在我猶疥癬是無能爲也吳王復召申胥而謀申胥曰臣老矣不可與謀吳

王請申胥謀者三對曰臣聞愚夫之言聖主擇焉胥聞越王句踐罷吳之年宮有五竈食不重味省妻妾不別所愛妻操斗身操概自量而食適飢不費是人不死必爲國害越王句踐食不殺而饜衣服純素不袀不玄帶劍以布是人不死必爲大故越王句踐寢不安席食不求飽而善貴有道是人不死必爲邦寶越王句踐衣弊而不衣新行慶賞不刑戮是人不死必成其名

越在我猶心腹有積聚不發則無傷動作者有死亡欲釋齊以越爲憂吳王不聽果興師伐齊大克還以申胥爲不忠賜劒殺申胥髡被離申胥且死曰昔者桀殺關龍逢紂殺王子比干今吳殺臣參桀紂而顯吳邦之亡也王孫駱聞之旦即不朝王召駱而問之子何非寡人而旦不朝王孫駱對曰臣不敢有非臣恐矣吳王曰子何恐以吾殺胥爲重乎王孫駱對曰君王氣高

胥之下位而殺之不與羣臣謀之臣是以恐矣王曰我非聽子而殺胥胥乃謀圖寡人王孫駱曰臣聞君人者必有敢言之臣在上位者必有敢言之士如是即慮日益進而智益生矣胥先王之老臣不忠不信不得爲先王臣矣王意欲殺太宰嚭王孫駱對曰不可王若殺之是殺二胥矣吳王近駱如故太宰嚭又曰圖越雖以我邦爲事王無憂王曰寡人屬子邦請早暮無時

太宰嚭對曰臣聞四馬方馳驚前者斬其數必正若是越難成矣王曰子制之斷之居三年越興師伐吴至五湖太宰嚭率徒謂之曰謝戰者五父越王不忍而欲許之范蠡曰君王圖之廊廟失之中野可乎謀之七年須臾棄之王勿許吴易兼也越王曰諾居軍三月吴自罷太宰嚭遂亡吴王率其有祿與賢良遯而去越追之至餘杭山禽夫差殺太宰嚭越王謂范蠡殺吴王

蠡曰臣不敢殺主王曰刑之范蠡曰臣不敢刑主越王親謂吴王曰昔者上蒼以越賜吴吴不受也夫申胥無罪殺之進讒諛容身之徒殺忠信之士大過者三以至滅亡子知之乎吴王曰知之越王與之劒使自圖之吴王乃旬日而自殺也越王葬於卑猶之山殺太宰嚭逢同與其妻子

越絶卷第五

越絕卷第六

越絕外傳紀策考第七

昔者吳王闔廬始得子胥之時甘心以賢之以爲上客曰聖人前知乎千歲後覩萬世深問其國世何昧昧得無衰極子其精焉寡人垂意聽子之言子胥唯唯不對王曰子其明之子胥曰對而不明恐獲其咎王曰願一言之以試直士夫仁者樂知者好誠秉禮者探幽索隱明告寡人子胥曰

難乎言哉邦其不長王其圖之存無忘傾安無忘亡臣始入邦伏見衰亡之證當霸吳厄會之際後王復空王曰何以言之子胥曰後必將失道王食禽肉坐而待死佞諂之臣將至不久安危之兆各有明紀虹蜺牽牛其異女黃氣在上青黑于下太歲八會壬子數九王相之氣自十一倍死由無氣如法而止太子無氣其異三世日月光明歷南斗吳越爲鄰同俗并土西州大

江東絶大海兩邦同城相亞門户憂在於斯必將爲咎越有神山難與爲鄰願王定之毋洩臣言吳使子胥救蔡誅彊楚笞平王墓久而不去意欲報楚楚乃購之千金衆人莫能止之有野人謂子胥曰止吾是于斧掩壺漿之子發簞飲於船中者子胥乃知是漁者也引兵而還故無往不復何德不報漁者一言千金歸焉因是還去范蠡興師戰於就李闔廬見中於飛矢子胥

還師中媿於吳被秦號年至夫差復霸諸
侯興師伐越任用子胥雖夫差驕奢釋越
之圍子胥諫而誅宰嚭諛心卒以亡吳夫
差窮困請爲匹夫范蠡不許滅於五湖子
胥策於吳可謂明乎昔者吳王夫差興師
伐越敗兵就李大風發狂日夜不止車敗
馬失騎士墮死大船陵居小船沒水吳王
曰寡人晝臥夢見井嬴溢大與越爭彗越
將掃我軍其凶乎孰與師還此時越軍大

號夫差𢗊越軍入驚駭子胥曰王其勉之哉越師敗矣臣聞井者人所飲溢者食有餘越在南火吳在北水水制火王何疑乎風北來助吳也昔者武王伐紂時彗星出而興周武王問太公曰臣聞以彗鬬倒之則勝胥聞災異或吉或凶物有相勝此乃其證願大王急行是越將凶吳將昌也子胥至直不同邪曲捐軀切諫虧命爲邦愛君如軀憂邦如家是非不諱直言不休庶

幾正君反以見踈讒人聞之身且以誅范蠡聞之以爲不通知數不用知懼不去豈謂智與胥聞歎曰吾背楚荆挾弓以去義不止窮吾前獲功後遇戮非吾智衰先遇闔廬後遭夫差也胥聞事君猶事父也愛同也嚴等也太古以來未嘗見人君虧恩爲臣報仇也臣獲大譽功名顯著胥知分數終於不去先君之功且猶難忘吾願腐髮弊齒何去之有蠡見其外不知吾内今

雖屈寃猶止死焉子貢曰胥執忠信死貴於生蠡審凶吉去而有名種留封侯不知令終二賢比德種獨不榮范蠡智能同均於是之謂也伍子胥父子奢爲楚王大臣爲世子聘秦女夫一作大有色王私悅之欲自御焉奢盡忠入諫守朝不休欲匡正之而王拒之諫策而問之以奢乃害於君絕世之臣聽讒邪之辭係而囚之待二子而死尚孝而入子胥勇而難欺累世忠信不

遇其時奢諫於楚胥死於吳詩云讒人罔
極交亂四國是之謂也
太宰者官號嚭者名也伯州之孫伯州爲
楚臣以過誅嚭以困奔於吳是時吳王闔
廬伐楚悉召楚仇而近之嚭爲人覽聞辯
見目達耳通諸事無所不知因其時自納
於吳言伐楚之利闔廬用之伐楚令子胥
孫武與嚭將師入郢有大功還吳王以嚭
爲太宰位高權盛專邦之枋未久闔廬卒

嚭見夫差内無柱石之堅外無斷割之勢諛心自納操獨斷之利夫差終以從焉而忠臣籥口不得一言嚭知往而不知來夫差至死悔不早誅傳曰見清知濁見曲知直人君選士各象其德夫差淺短以是與嚭專權伍胥爲之惑是之謂也

范蠡其始居楚也生於宛橐或伍戶之虛其爲結僮之時一癡一醒時人盡以爲狂然獨有聖賢之明人莫可與語以内視若

旨反聽若聾大夫種入其縣知有賢者未覩所在求邑中不得其邑人以爲狂夫多賢士衆賤有君子汎求之焉得蠡而悦乃從官屬問治之術蠡修衣冠有頃而出進退揖讓君子之容終日而語疾陳霸王之道志合意同胡越相從俱見霸兆出於東南捐其官位相要而往臣小有所虧大有所成捐止于吴或任子胥二人以爲胥在無所聞其辭種曰今將安之蠡曰彼爲我

何邦不可乎去吳之越句踐賢之種躬正內蠡出治外內不煩濁外無不得臣主同心遂霸越邦種善圖始蠡能慮終越承二賢邦以安寧始有災變蠡專其明可謂賢焉能屈能申

越絕卷第六

越絕卷第七

越絕外傳記范伯第八

昔者范蠡其始居楚曰范伯自謂衰賤未嘗世祿故自菲薄飲食則甘天下之無味居則安天下之賤位復被髮佯狂不與於世謂大夫種曰三王則三皇之苗裔也五伯乃五帝之末世也天運歷紀千歲一至黃帝之元執辰破巳霸王之氣見於地戶子胥以是挾弓干吳王於是要大夫種入

吳此時焉同相與共戒之伍子胥在自與不能闕其辭蠡曰吳越二邦同氣共俗地戶之位非吳則越乃入越越王常與言盡日大夫石買居國有權辯口進曰衒女不貞衒士不信客歷諸侯渡河津無因自致殆非真賢夫和氏之璧求者不爭賈騏驥之材不難阻險之路[illegible]之邦歷諸侯無所售道聽之徒唯大王察之於是范蠡退而不言遊於楚越之間大夫種進曰

昔者市偷自衒於晉晉用之而勝楚伊尹負鼎入殷遂佐湯取天下有智之士不在遠近取也謂之帝王求備者亡易曰有高世之材必有負俗之累有至智之明者必破庶衆之議成大功者不拘於俗論大道者不合於衆唯大王察之於是石買益疏其後使將兵於外遂爲軍士所殺是時句踐失衆棲於會稽之山更用種蠡之策得以存故虞舜曰以學乃時而行此猶良藥

也王曰石買知往而不知來其使寡人棄
賢後遂師二人竟以禽吴子貢曰薦一言
得及身任一賢得顯名傷賢喪邦蔽能有
殃負德忘恩其反形傷壞人之善毋後世
敗人之成天誅行故冤子胥僇死由重譖
子胥於吴吴虚重之無罪而誅傳曰寧失
千金毋失一人之心是之謂也

越絕内傳陳成恒第九

昔者陳成恒相齊簡公欲爲亂憚齊邦鮑

晏故徙其兵而伐魯魯君憂也孔子患之
乃召門人弟子而謂之曰諸侯有相伐者
尚恥之今魯父母之邦也丘墓存焉今齊
將伐之可無一出乎顏淵辭出孔子止之
子路辭出孔子止之子貢辭出孔子遣之
子貢行之齊見陳成恒曰夫魯難伐之邦
而伐之過矣陳成恒曰魯之難伐何也子
貢曰其城薄以卑池狹而淺其君愚而不
仁其大臣僞而無用其士民有惡聞甲兵

之心此不可與戰君不如伐吳吳城高以厚池廣以深甲堅以新士選以飽重器精弩在其中又使明大夫守此邦易也君不如伐吳成恒忿然作色曰子之所難人之所易也子之所易人之所難也而以教恒何也子貢對曰臣聞憂在内者攻彊憂在外者攻弱今君憂内臣聞君三封而三不成者大臣有不聽者也今君破魯以廣齊墮魯以尊臣而君之功不與焉是君上驕

主心下恣羣臣而求成大事難矣且夫上驕則犯臣驕則爭是君上於主有卻下與大臣交爭也如此則君立於齊危於重卵矣臣故曰不如伐吳且夫吳明猛以毅而行其令百姓習於戰守將明於法齊之愚爲禽必矣今君悉擇四疆之中出大臣以環之黔首外死大臣內空是君上無彊臣之敵下無黔首之士孤立制齊者君也陳恒曰善雖然吾兵已在魯之城下若去而

之吳大臣將有疑我之心爲之柰何子貢曰君按兵無伐臣請見吳王使之救魯而伐齊君因以兵迎之陳成恒許諾乃行子貢南見吳王謂吳王曰臣聞之王者不絕世而霸者不彊敵千鈞之重加銖而移今萬乘之齊私千乘之魯而與吳爭彊臣切爲君恐且夫救魯顯名也而伐齊大利也義在存亡魯勇在害彊齊而威申晉邦者則王者不疑也吳王曰雖然我常與越戰

棲之會稽夫越君賢主也苦身勞力以夜接日内飾其政外事諸侯必將有報我之心子待吾伐越而還子貢曰不可夫越之彊不下魯而吳之彊不過齊君以伐越而還即齊也亦私魯矣且夫伐小越而畏彊齊者不勇見小利而忘大害者不智兩者臣無爲君取焉且臣聞之仁人不困厄以廣其德智者不棄時以舉其功王者不絶世以立其義今君存越勿毁親四鄰以仁

救暴困齊威申晉邦以武救魯毋絶周室明諸侯以義如此則臣之所見溢乎負海必率九夷而朝即王業成矣且大吳畏小越如此臣請東見越王使之出銳師以從下吏是君實空越而名從諸侯以伐也吳王大悅乃行子貢子貢東見越王越王聞之除道郊迎至縣身御子貢至舍而問曰此乃僻陋之邦蠻夷之民也大夫何索居然而辱乃至於此子貢曰弔君故來越王

句踐稽首載拜曰孤聞之禍與福爲隣今
大夫弔孤孤之福也敢遂聞其說子貢曰
臣今見吳王告以救魯而伐齊其心申其
志畏越曰嘗與越戰棲於會稽山上夫越
君賢主也苦身勞力以夜接日内飾其政
外事諸侯必將有報我之心子待我伐越
而聽子且夫無報人之心而使人疑之者
拙也有報人之心而使人知之者殆也事
未發而聞者危也三者舉事之大忌越王

句踐稽首載拜曰昔者孤不幸少失先人內不自量與吳人戰軍敗身辱遺先人恥遯逃出走上棲會稽山下守濱海唯魚鼈是見今大夫不辱而身見之又出玉聲以教孤孤賴先人之賜敢不奉教乎子貢曰臣聞之明王任人不失其能直士舉賢不容於世故臨財分利則使仁涉危拒難則使勇用衆治民則使賢正天下定諸侯則使聖人臣竊練下吏之心兵彊而不并弱

勢在其上位而行惡令其下者其君幾乎臣竊自練可以成功至王者其唯臣幾乎今夫吳王有伐齊之志君無惜重器以喜其心毋惡卑辭以尊其禮則伐齊必矣彼戰而不勝則君之福也彼戰而勝必以其餘兵臨晉臣請北見晉君令其攻之弱吳必矣其騎士銳兵弊乎齊重器羽旄盡乎晉則君制其敝此滅吳必矣越王句踐稽首載拜曰昔者吳王分其人民之衆以殘

伐吾邦殺敗吾民圖吾百姓夷吾宗廟邦爲空棘身爲魚鼈餌今孤之怨吳王深於骨髓而孤之事吳王如子之畏父弟之敬兄此孤之外言也大夫有賜故孤敢以疑請遂言之孤身不安牀席口不甘厚味目不視好色耳不聽鍾鼓者已三年矣焦脣乾嗌苦心勞力上事羣臣下養百姓願一與吳交天下之兵於中原之野與吳王整襟交臂而奮吳越之士繼蹟連死士民流

離肝腦塗地此孤之大願也如此不可得也今内自量吾國不足以傷吳外事諸侯不能也孤欲空邦家措策力變容貌易名姓執箕箒養牛馬以臣事之孤雖要領不屬手足異處四支布陳爲鄉邑笑孤之意出焉大夫有賜是存亡邦而興死人也孤賴先人之賜敢不待命乎子貢曰夫吳王之爲人也貪功名而不知利害越王慥然避位曰在子子貢曰賜爲君觀夫吳王之

爲人賢彊以恣下下不能逆數戰伐士卒
不能忍太宰嚭爲人智而愚彊而弱巧言
利辭以内其身善爲僞詐以事其君知前
而不知後順君之過以安其私是殘國之
吏滅君之臣也越王大悅子貢去而行越
王送之金百鎰寶劒一良馬二子貢不受
遂行至吳報吳王曰敬以下吏之言告越
王越王大恐乃懼曰昔孤不幸少失先人
内不自量抵罪於縣軍敗身辱遯逃出走

棲于會稽邦爲空棘身爲魚鼈餌賴大王之賜使得奉俎豆而修祭祀大王之賜死且不忘何謀敢慮其志甚恐似將使使者來子貢至五日越使果至曰東海役臣孤句踐使使臣種敢修下吏問於左右昔孤不幸少失先人内不自量抵罪於縣軍敗身辱遯逃出走棲于會稽邦爲空棘身爲魚鼈餌賴大王之賜使得奉俎豆而修祭祀大王之賜死且不忘今竊聞大王將興

大義誅彊救弱困暴齊而撫周室故使越賤臣種以先人之藏器甲二十領屈盧之矛步光之劍以賀軍吏大王將遂大義則獘邑雖小悉擇四疆之中出卒三千以從下吏孤請自被堅執銳以受矢石吳王大悅乃召子貢而告之曰越使果來請出卒三千其君又從之與寡人伐齊可乎子貢曰不可夫空人之邦悉人之衆又從其君不仁也君受其幣許其師而辭其君吳王

許諾子貢去之晉謂晉君曰臣聞之慮不先定不可以應卒兵不先辦不可以勝敵今齊吴將戰勝則必以其兵臨晉晉大恐曰爲之柰何子貢曰修兵休卒以待吴彼戰而不勝越亂之必矣晉君許諾子貢去而之魯吴王果與九郡之兵而與齊大戰於艾陵大敗齊師獲七將陳兵不歸果與晉人相遇黄池之上吴晉爭彊晉人擊之大敗吴師越王聞之涉江襲吴去邦七里

而軍陣吳王聞之去晉從越越王迎之戰於五湖三戰不勝城門不守遂圍王宮殺夫差而僇其相伐吳三年東鄉而霸故曰子貢一出存魯亂齊破吳彊晉霸越是也

越絕卷第七

越絕卷第八

越絕外傳記地傳第十

昔者越之先君無餘乃禹之世別封於越以守禹冢問天地之道萬物之紀莫失其本神農嘗百草水土甘苦黃帝造衣裳后稷產穡制器械人事備矣疇糞桑麻播種五穀必以手足大越海濱之民獨以鳥田小大有差進退有行莫將自使其故何也曰禹始也憂民救水到大越上茅山大會

計爵有德封有功更名茅山曰會稽及其
王也巡狩大越見耆老納詩書審銓衡平
斗斛因病亡死葬會稽葦槨桐棺穿壙七
尺上無漏泄下無即水壇高三尺土階三
等延袤一畝尚以爲居之者樂爲之者苦
無以報民功教民鳥田一盛一衰當禹之
時舜死蒼梧象爲民田也禹至此者亦有
因矣亦覆釜也覆釜者州土也塡德也禹
美而告至焉禹知時晏歲暮年加申酉求

書其下祠白馬禹井井者法也以爲禹葬以法度不煩人衆無餘初封大越都秦餘望南千有餘歲而至句踐句踐徙治山北引屬東海内外越别封削焉句踐伐吳霸關東從瑯琊起觀臺臺周七里以望東海死士八千人戈船三百艘居無幾躳求賢聖孔子從弟子七十人奉先王雅琴治禮往奏句踐乃身被賜一作陽又音唐夷之甲帶步光之劍杖物盧之矛出死士三百人爲陣

闕下孔子有頃姚稽一作爲陣到越越王曰唯唯夫子何以教之孔子對曰丘能述五帝三王之道故奉雅琴至大王所句踐喟然歎曰夫越性[illegible]而愚水行而山處以船爲車以楫爲馬往若飄風去則難從銳兵任死越之常性也夫子異則不可於是孔子辭弟子莫能從乎

越王夫鐔一作鐸以上至無餘久遠世不可紀也夫鐔子允常允常子句踐大霸稱王

徙瑯琊□也句踐子與夷時霸與夷子子翁時霸子翁子不揚時霸不揚子無疆時霸伐楚威王滅無疆無疆子之侯竊自立爲君長之侯子尊時君長尊子親失衆楚伐之走南山親以上至句踐凡八君都瑯琊二百二十四歲無疆以上霸稱王之侯以下微弱稱君長

句踐小城山陰城也周二里二百二十三步陸門四水門一今倉庫是其宮臺處也

周六百二十步柱長三丈五尺三寸霤高丈六尺宮有百戶高丈二尺五寸大城周二十里七十二步不築北面而滅吳徙治姑胥臺

山陰大城者范蠡所築治也今傳謂之蠡城陸門三水門三決西北亦有事到始建國時蠡城盡

稷山者句踐齋戒臺也

龜山者句踐起怪游臺也東南司馬門因

以炤龜又仰望天氣觀天怪也高四十六丈五尺二寸周五百三十二步今東武里一曰怪山怪山者往古一夜自來民怪之故謂怪山

駕臺周六百步今安城里

離臺周五百六十步今淮陽里丘

美人宮周五百九十步陸門二水門一今北壇利里丘土城句踐所習教美女西施鄭足宮臺也女出於苧蘿山欲獻於吳自

謂東垂僻陋恐女樸鄙故近大道居去縣

五里

樂野者越之弋獵處大樂故謂樂野其山

上石室句踐所休謀也去縣七里

中指臺馬丘周六百步今高平里丘

東郭外南小城者句踐冰室去縣三里句

踐之出入也齊於稷山往從田里去從北

郭門炤龜龜山更駕臺馳於離丘遊於美

人宮興樂中宿過歷馬丘射於樂野之衢

走犬若耶休謀石室食於冰廚領功銓土巳作昌土臺藏其形隱其情一曰冰室者所以備膳羞也

浦陽者句踐軍敗失衆懣於此去縣五十里

夫山者句踐絕糧困也其山上大冢句踐庶子冢也去縣十五里句踐與吳戰於浙江之上石買爲將耆老壯長進諫曰夫石買人與爲怨家與爲仇貪而好利細人也

無長策王而用之國必不遂王不聽遂遣之石買發行至浙江上斬殺無罪欲專威服軍中動搖將率獨專其權士衆恐懼人不自聊兵法曰視民如嬰兒故可與赴深溪士衆魚爛而買不知尚猶峻法隆刑子胥獨見可奪之證變爲奇謀或北或南夜舉火[illegible]鼓晝陳詐兵越師潰墜政令不行背叛乖離還報其王王殺買謝其師號聲聞吳吳王恐懼子胥私喜越軍敗矣胥聞

之孤之將殺噆脣吸齒今越句踐其已敗矣君王安意越易兼也使人入問之越師請降子胥不聽越棲於會稽之山吳退而圍之句踐喟然用種蠡計轉死爲霸一人之身吉凶更至盛衰存亡在於用臣治道萬端要在得賢越棲於會稽日行成於吳吳引兵而去句踐將降西至浙江待詔入吳故有雞鳴墟其入辭曰亡臣孤句踐故將士衆入爲臣虜民可得使地可得有吳

王許之子胥大怒目若夜光聲若哮虎此越未戰而服天以賜吴其逆天乎臣唯君王急制之吴不聽遂許之浙江是也

陽城里者范蠡城也西至水路水門一陸門二

北陽里城大夫種城也取土西山以濟之徑百九十四步或爲南安

富陽里者外越賜義也處里門美以練塘田

安城里高庫者句踐伐吳禽夫差以爲勝兵築庫高閣之周二百三十步今安成里

故禹宗廟在小城南門外大城內禹稷在廟西今南里

獨山大冢者句踐自治以爲冢徙瑯琊冢不成去縣九里

麻林山一名多山句踐欲伐吳種麻以爲弓絃使齊人守之越謂齊人多故曰麻林多以防吳以山下田封功臣去縣一十二

里

會稽山上城者句踐與吳戰大敗棲其中

因以下爲木魚池其利不租

會稽山北城者子胥浮兵以守城是也

若耶大冢者句踐所徙葬先君夫鐔冢也

去縣二十五里

葛山者句踐罷吳種葛使越女織治葛布

獻於吳王夫差去縣七里

姑中山者越銅官之山也越人謂之銅姑

瀆長二百五十步去縣二十五里
富中大塘者句踐治以爲義田爲肥饒謂
之富中去縣二十里二十二步
犬山者句踐罷吳畜犬獵南山白鹿欲得
獻吳神不可得故曰犬山其高爲犬亭去
縣二十五里
白鹿山在犬山之南去縣二十九里
雞山豕山者句踐以畜雞豕將伐吳以食
士也雞山在錫山南去縣五十里豕山在

民山西去縣六十三里洹江以來屬越疑
冢山在餘暨界中
練塘者句踐時采錫山爲炭稱炭聚載從
炭瀆至練塘各因事名之去縣五十里
木客大冢者句踐父允常冢也初徙瑯琊
使樓船卒二千八百人伐松栢以爲桴故
曰木客去縣十五里一曰句踐伐善村交
刻獻於吴故曰木客
官瀆者句踐工官也去縣十四里

苦竹城者句踐伐吴還封范蠡子也其僻居徑六十步因爲民治田塘長千五百三十三步其冢名土山范蠡苦勤功篤故封其子於是去縣十八里

北郭外路南溪北城者句踐築鼓鍾宫也去縣七里其邑爲龔錢

舟室者句踐船宫也去縣五十里

民西大冢者句踐客秦伊善炤龜者冢也因名冢爲秦伊山

射浦者句踐教習兵處也今射浦去縣五里射卒陳音死葬民西故曰陳音山

種山者句踐所葬大夫種也樓船卒二千人鈞足羨葬之三蓬下種將死自策後有賢者百年而至置我三蓬自章後世句踐葬之食傳三賢

巫里句踐所徙巫爲一里去縣二十五里其亭祠今爲和公羣社稷墟一作壺

巫山者越䰠神巫之官也死葬其上去縣

十三里許
六山者句踐鑄銅鑄銅不爍埋之東坂其上馬箠句踐遣使者取於南社徙種六山飾治爲馬箠獻之吳去縣三十五里
江東中巫葬者越神巫無杜子孫也死句踐於中江而葬之巫神欲使覆禍吳人船去縣三十里
石塘者越所害軍船也塘廣六十五步長三百五十三步去縣四十里

防塢者越所以遏吳軍也去縣四十里

杭塢者句踐杭也二百石長貟卒七士人度之會夷去縣四十里

塗山者禹所取妻之山也去縣五十里

朱餘者越鹽官也越人謂鹽曰餘去縣三十五里

句踐已滅吳使吳人築吳塘東西千步名辟首後因以爲名曰塘

獨婦山者句踐將伐吳徙寡婦致獨山上

以爲死士示得專一也去縣四十里後説之者蓋句踐所以遊軍士也

馬嘷者吳伐越道逢大風車敗馬失騎士墮死疋馬啼皐事見吳矣

浙江南路西城者范蠡敦（一作熟）兵城也其陵固可守故謂之固陵所以然者以其大船軍所置也

山陰古故陸道出東郭隨直瀆陽春亭山陰故水道出東郭從郡陽春亭去縣五十

里
語兒鄉故越界名曰就李吴疆越地以爲
戰地至於柴辟亭
女陽亭者句踐入官於吴夫人從道産女
此亭養於李鄉句踐勝吴更名女陽更就
李爲語兒鄉
吴王夫差伐越有其邦句踐服爲臣三年
吴王復還封句踐於越東西百里北鄉臣
事吴東爲右西爲左大越故界淅江至就

李南姑末寫干

覲鄉北有武原武原今海鹽姑末今大末寫干今屬豫章自無餘初封於越以來傳聞越王子孫在丹陽臯鄉更姓梅梅里是也自秦以來至秦元王不絕年元王立二十年平王立二十三年惠文王立二十七年武王立四年昭襄王亦立五十六年而滅周赧王周絕於此孝文王立一年莊襄王更號太上皇帝立三年秦始皇帝立三

十七年號曰趙政政趙外孫胡亥立二年子嬰立六月秦元王至子嬰凡十王百七十歲漢皇帝滅之治咸陽壹天下政使將魏舍內史敎攻韓得韓王安政使將王賁攻魏得魏王歇政使將王渀攻趙得趙王尚政使將王賁攻楚得楚王成政使將史敖攻燕得燕王喜政使將王渀攻齊得齊王建政更號爲秦始皇帝以其三十七年東遊之會稽道度牛渚奏東安東安今富

春丹陽溧陽
鄣故餘杭軻亭南東奏槿頭道度諸暨大
越以正月甲戌到大越留舍都亭取錢塘
浙江岑石石長丈四尺南北面廣六尺西
面廣尺六寸刻丈六於越東山上其道九
曲去縣二十一里是時徙大越民置餘杭
伊攻■故鄣因徙天下有罪適吏民置海
南故大越處以備東海外越乃更名大越
曰山陰已去奏諸暨錢塘因奏吳上姑蘇

臺則治射防於宅亭賈亭北年至靈不射去奏曲阿句容度牛渚西到咸陽崩

越絕卷第八

越絶卷第九

越絶外傳計倪第十一

昔者越王句踐近侵於彊吴遠媿於諸侯兵革散空國且滅亡乃脅諸臣而與之盟吾欲伐吴柰何有功羣臣黙然而無對王曰夫主憂臣辱主辱臣死何大夫易見而難使也計倪官卑年少其居在後舉首而起曰殆哉非大夫易見難使是大王不能使臣也王曰何謂也計倪對曰夫官位財

幣王之所輕死者是士之所重也王愛所輕責士所重豈不艱哉王自揖進討倪而問焉討倪對曰夫仁義者治之門士民者君之根本也闓門固根莫如正身正身之道謹選左右左右選則孔圭曰益上不選則孔圭曰益下二者貴質浸之漸也願君王公選於衆精鍊左右非君子至誠之士無與居家使邪僻之氣無漸以生仁義之行有階人知其能官知其治爵賞刑罰一

由君出則臣下不敢毀譽以言無功者不敢干治故明主用人不由所從不問其先說取一焉是故周文齊桓躬扵任賢太公管仲明扵知人今則不然臣故曰殆哉越王勃然曰孤聞齊威淫泆九合諸侯一匡天下蓋管仲之力也寡人雖愚唯在大夫計倪對曰齊威除管仲罪大責任之至易此故南陽蒼句太公九[illegible]而不伐磻溪之餓人也聖主不計其辱以爲賢者一乎仲

二乎仲斯可致王但霸何足道桓稱仲父
文稱太公計此二人曾無跬步之勞大呼
之功乃忘弓矢之怨授以上卿傳曰直能
三公今置臣而不尊使賢而不用譬如門
戶像設倚而相欺葢智士所恥賢者所羞
君王察之𢧵王曰誠者不能匿其辭大夫
旣在何須言哉計倪對曰臣聞智者不妄
言以成其勞賢者始於難動終於有成傳
曰易之謙遜對過問抑威權勢利器不可

示人言賞罰由君此之謂也故賢君用臣略責於絶施之職而成其功遠使以效其誠內告以匿以知其信與之講事以觀其智飲之以酒以觀其態選士以備不肖者無所置越王大媿乃壞池填塹開倉穀貸貧乏乃使羣臣身問疾病躬視死喪不厄窮僻尊有德與民同苦樂激河泉井示不獨食行之六年士民一心不謀同辭不呼自來皆欲伐吳遂有大功而霸諸侯孔子

曰寬則得衆此之謂也夫有勇見於外必有仁於内子胥戰於就李闔廬傷焉軍敗而還是時死傷者不可稱數所以然者罷頓不得已子胥内憂爲人臣上不能令主下令百姓被兵刃之咎自責内傷莫能知者故身操死持傷及被兵者莫不悉於子胥之手垂涕啼哭欲伐而死三年自咎不親妻子饑不飽食寒不重綵結心於越欲復其仇師事越公録其述印天之兆牽牛

南斗赫赫斯怒與天俱起發令告民歸如父母當胥之言唯恐爲後師衆同心得天之中越乃興師與戰西江二國爭彊未知存亡子胥知時變爲詐兵爲兩翼夜火相應句踐大恐振旅服降進兵圍越會稽塡山子胥微策可謂神守戰數年句踐行成子胥爭諫以是不容宰嚭許之引兵而還夫差聽嚭不殺仇人興師十萬與不敵同聖人譏之是以春秋不差其文故傳曰子

胥賢者尚有就李之耻此之謂也哀哉夫差不信伍子胥而任太宰嚭乃此禍晉之驪姬亡周之褒姒盡妖姸於圖畫極凶悖於人理傾城傾國思昭示於後王麗質冶容宜求監於前史古人云苦藥利病苦一作忠言利行伏念居安思危日謹一日易曰知進而不知退知存而不知亡知得而不知喪又曰進退存亡不失其正者唯聖人乎由此而言進有退之義存有亡之幾得

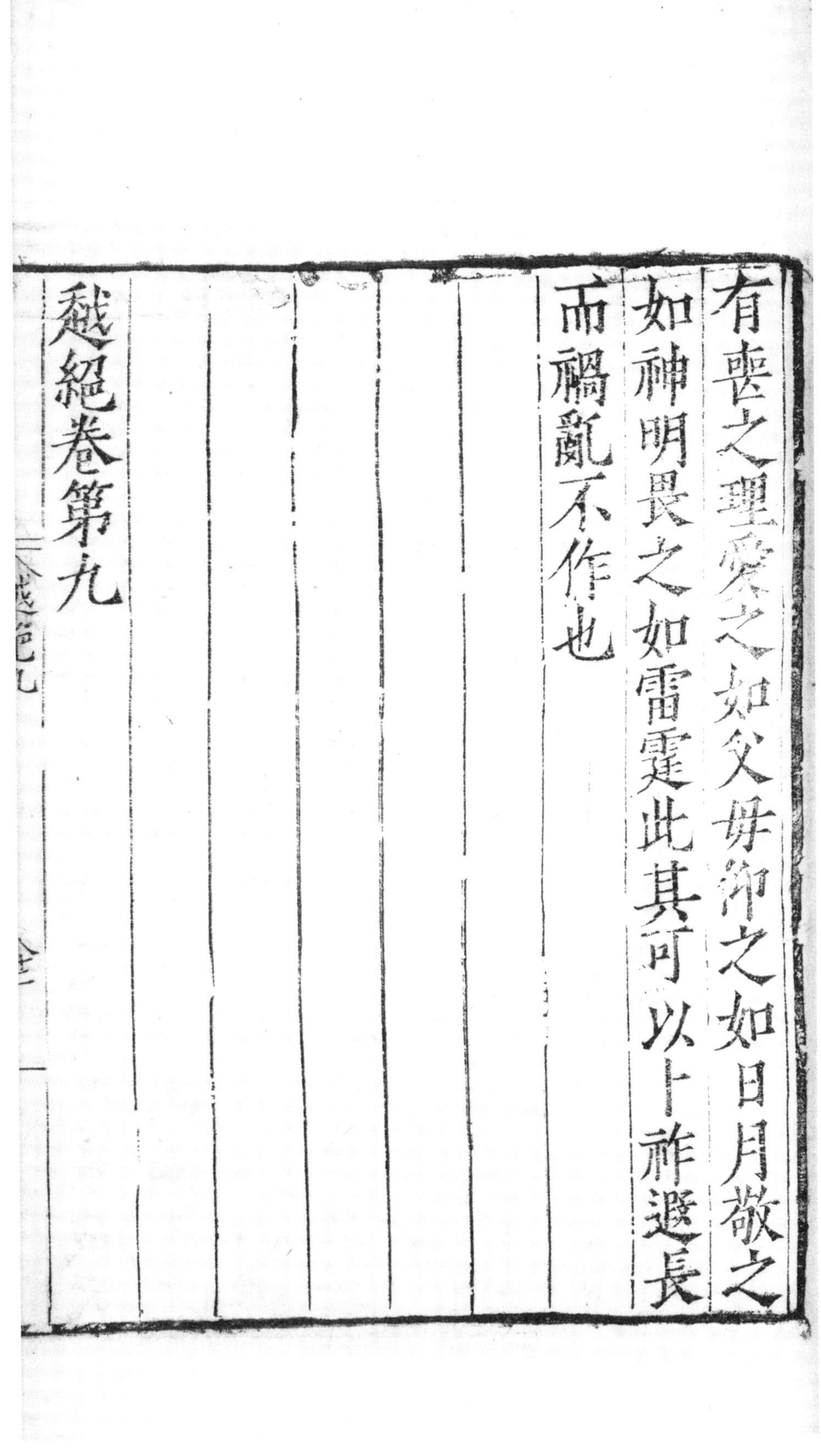

有壹之理愛之如父母御之如日月敬之如神明畏之如雷霆此其可以卜祚遐長而禍亂不作也

越絶卷第九

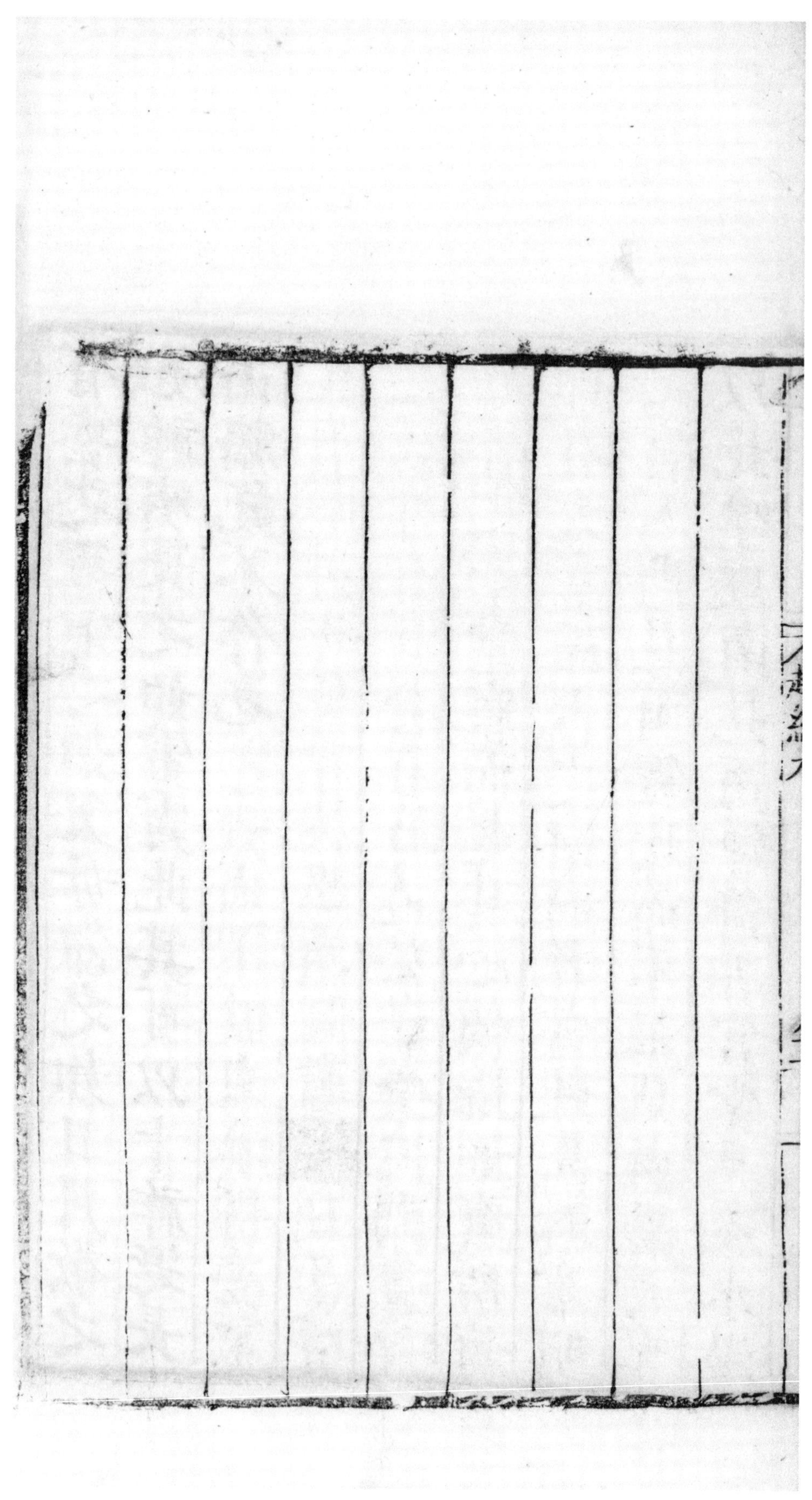

越絕卷第十

越絕外傳記吳王占夢第十三

昔者吳王夫差之時，其民殷衆，禾稼登熟，兵革堅利，其民習於鬬戰。闔廬■剬子胥之教，行有日，發有時。道於姑胥之門，晝臥姑胥之臺，覺寤而起，其心惆悵，如有所悔。即召太宰而占之，曰：向者晝臥，夢入章明之宮，入門見兩䥶炊而不蒸，見兩黑犬嗥以北、嗥以南，見兩鏵倚吾宮堂，見流水湯湯越吾宮牆見前園橫索生樹桐見後房鍛者扶挾鼓小震子爲寡人精占之吉則言吉凶則言凶無諛寡人之心所從太宰嚭對曰善哉大王興師伐齊夫章明者伐齊克天下顯明也見兩鑑炊而不蒸者大王聖氣有餘也見兩黑犬嘷以北嘷以南四夷已服朝諸侯也兩鋘倚吾宮堂夾田夫也見流水湯湯越吾宮牆獻物已至則有餘也見前園橫索生樹桐樂府吹巧也

見後房鍛者扶挾鼓小震者宮女鼓樂也吳王大悅而賜太宰嚭雜繒四十疋王心不已召王孫駱而告之對曰臣智淺能薄無方術之事不能占大王夢臣知有東掖門亭長越公弟子王孫聖爲人幼而好學長而憙遊博聞彊識通於方來之事可占大王所夢臣請召之吳王曰諾王孫駱移記曰今日壬午左校司馬王孫駱受教告東掖門亭長公孫聖吳王晝臥覺寤而心

中惆悵也如有悔記到車馳詣姑胥之臺聖得記發而讀之伏地而泣有頃不起其妻大君從旁接而起之曰何若子性之大也希見人主卒得急記流涕不止公孫聖仰天歎曰嗚呼悲哉此固非子胥所能知也今日壬午時加南方命屬蒼天不可逃亡伏地而泣者不能自惜但吳王諛心而言師道不明正言直諫身死無功大君曰汝彊食自愛慎勿相忘伏地而書[illegible]成篇

即[illegible]把臂而決涕泣如雨上車不顧遂至姑胥之臺謁見吳王吳王勞曰公弟子公孫聖也寡人晝臥姑胥之臺夢入章明之宮入門見兩鑠炊而不蒸見兩黑犬嗥以北嗥以南見兩鏵倚吾宮堂見流水湯湯越吾宮牆見前園橫索生樹桐見後房鍛者扶挾鼓小震子為寡人精占之吉則言吉凶則言凶無諛寡人心所從公孫聖伏地有頃而起仰天歎曰悲哉夫好船者

溺好騎者墮君子各以所好爲禍諛讒申
者師道不明正言切諫身死無功伏地而
泣者非自惜因悲大王夫章者戰不勝走
傽傽明者去昭昭就冥冥見兩鑪炊而不
蒸者王且不得火食見兩黑犬嗥以北嗥
以南者大王身死魂魄惑也見兩鏵倚吾
宮堂者越人入吳邦伐宗廟掘社稷也見
流水湯湯越吾宮牆者大王宮堂虛也前
園橫索生樹桐者桐不爲器用但爲甬當

與人俱葬後房鍛者鼓小震者大息也王毋自行使臣下可矣太宰嚭王孫駱惶怖解冠幘肉袒而謝吳王忿聖言不祥乃使其身自受其殃王乃使力士石畨以鐵杖擊聖中斷之爲兩頭聖仰天歎曰蒼天知寃乎直言正諫身死無功令吾家無葬我提我山中後世爲聲響吳王使人提於秦餘杭之山虎狼食其肉野火燒其骨東風至飛揚汝灰汝更能爲聲哉太宰嚭前載

拜曰逆言以滅讒諛以亡因酌行觴時可以行矣吴王曰諾王孫駱爲左校司馬太宰嚭爲右校司馬王從騎三千旌旗羽蓋自處中軍伐齊大剋師兵三月不去過伐晋晋知其兵革之罷倦糧食盡索興師擊之大敗吴師涉江流血浮尸者不可勝數吴王不忍率其餘兵相將至秦餘杭之山饑餓足行乏糧視瞻不明據地飲水持籠稻而飡之顧謂左右曰此何名羣臣對曰

是籠稻也吳王曰悲哉此公孫聖所言王且不得火食太宰嚭曰秦餘杭山西坂間燕可以休息大王亟飡而去尚有十數里耳吳王曰吾嘗戮公孫聖於斯山子試爲寡人前呼之即尚在耶當有聲響太宰嚭即上山三呼聖三應吳王大怖足行屬腐面如死灰色曰公孫聖令寡人得邦誠世世相事言未畢越王追至兵三圍吳大夫種處中范蠡數吳王曰王有過者五寧知

之乎殺忠臣伍子胥公孫聖胥爲人先知忠信中斷之入江聖正言直諫身死無功此非大過者二乎夫齊無罪空復伐之使鬼神不血食社稷廢蕪父子離散兄弟異居此非大過者三乎夫越王句踐雖東僻亦得繫於天皇之位無罪而王恒使其芻莖秩馬比於奴虜此非大過者四乎太宰嚭讒諛佞諂斷絕王世聽而用之此非大過者五乎吳王曰今日聞命矣越王撫步

光之劍杖屈盧之弓瞋目謂范蠡曰子何不早圖之乎范蠡曰臣不敢殺主臣存主若亡今日遜敢天報微功越王謂吳王曰……左手持鼓右……若存若亡何須軍士斷子之頸挫子之骸不亦繆乎吳王曰聞命矣以三寸之帛冥吾兩目使死者有知吾慙見伍子胥公孫聖以爲無知吾恥生越王則解綬以冥其目遂伏劍而

張宗祥越世家正義越絶云吳王曰聞命矣以三寸帛幎吾兩目使死者有知吾慙見伍子胥公孫聖以爲無知吾恥生矣越王則解綬以幎其目遂伏劍而死幎音覓顧野王云大巾覆也

之乎殺忠臣伍子胥公孫聖胥爲人先知忠信中斷之入江聖正言直諫身死無功此非大過者二乎夫齊無罪空復伐之使鬼神不血食社稷廢蕪父子離散兄弟異居此非大過者三乎夫越王句踐雖東僻亦得繫於天皇之位無罪而王恒使其芻莖秩馬比於奴虜此非大過者四乎太宰嚭讒諛佞諂斷絕王世聽而用之此非大過者五乎吳王曰今日聞命矣越王撫步

光之劍杖屈盧之弓瞋目謂范蠡曰子何不早圖之乎范蠡曰臣不敢殺主臣存主若亡今日遜敬天報徵功越王謂吳王曰世無千歲之人死一耳范蠡左手持鼓右手操枹而鼓之曰上天蒼蒼若存若亡何須軍士斷子之頸挫子之骸不亦繆乎吳王曰聞命矣以三寸之帛冥吾兩目使死者有知吾慙見伍子胥公孫聖以爲無知吾耻生越王則解綬以冥其目遂伏劍而

死越王殺太宰嚭戮其妻子以其不忠信斷絕吳之世

越絕卷第十

越絶卷第十一

越絶外傳記寶劒第十三

昔者越王句踐有寶劒五聞於天下客有能相劒者名薛燭王召而問之曰吾有寶劒五請以示之薛燭對曰愚理不足以言大王請不得已乃召掌者王使取毫曹薛燭對曰豪曹非寶劒也夫寶劒五色並見莫能相勝豪曹已擅名矣非寶劒也王曰取巨闕薛燭曰非寶劒也寶劒者金錫和

銅而不離今巨闕已離矣非寶劍也王曰然巨闕初成之時吾坐於露壇之上宮人有四駕白鹿而過者車奔鹿驚吾引劍而指之四駕上飛揚不知其絕也穿銅釜絕鐵鑑胥中決如粢米故曰巨闕王取純鈞薛燭聞之忽如敗有頃懼如悟下階而深惟簡衣而坐望之手振拂揚其華捽如芙蓉始出觀其釽爛如列星之行觀其光渾渾如水之溢於溏觀其斷巖巖如瑣石觀

其才煥煥如冰釋此所謂純鈞耶王曰是也客有直之者有市之鄉二駿馬千疋千戸之都二可乎薛燭對曰不可當造此劒之時赤堇之山破而出錫若耶之溪涸而出銅雨師掃灑雷公擊橐蛟龍捧鑪天帝裝炭太一下觀天精下之歐冶乃因天之精神悉其伎巧造爲大刑三小刑二一曰湛盧二曰純鈞三曰勝邪四曰魚腸五曰巨闕吳王闔廬之時得其勝邪魚腸湛盧

闔廬無道，子女死，殺生以送之。湛盧之劒去之如水，行秦過楚，楚王卧而寤，得吴王湛盧之劒，將首魁漂而存焉。秦王聞而求不得，興師擊楚，曰：與我湛盧之劒，還師去汝。楚王不與。時闔廬又以魚腸之劒刺吴王僚，使披腸夷之甲三事。闔廬使專諸爲奏炙魚者，引劒而刺之，遂弑王僚。此其小試於敵邦，未見其大用於天下也。今赤堇之山已合，若耶溪深而不測，羣神不下，歐

冶子即死雖復傾城量金珠玉竭河猶不
能得此一物有市之鄉二駿馬千疋千戶
之都二何足言哉楚王召風胡子而問之
曰寡人聞吳有干將越有歐冶子此二人
甲世而生天下未嘗有精誠上通天下爲
烈士寡人願齎邦之重寶皆以奉子因吳
王請此二人作鐵劒可乎風胡子曰善於
是乃令風胡子之吳見歐冶子干將使人
作鐵劒歐冶子干將鑿茨山洩其溪取鐵

英作爲鐵劍三枚一曰龍淵二曰泰阿三曰工布一作市畢成風胡子奏之楚王楚王見此三劍之精神大悅風胡子問之曰此三劍何物所象其名爲何風胡子對曰一曰龍淵二曰泰阿三曰工布楚王曰何謂龍淵泰阿工布風胡子對曰欲知龍淵觀其狀如登高山臨深淵欲知泰阿觀其釽巍巍翼翼如流水之波欲知工布釽從文起至脊而止如珠不可衽文若流水不絕

晉鄭王聞而求之不得興師圍楚之城三年不解倉穀粟索庫無兵革左右羣臣賢士莫能禁止於是楚王聞之引泰阿之劍登城而麾之三軍破敗士卒迷惑流血千里猛獸歐瞻江水折揚晉鄭之頭畢白楚王於是大悅曰此劍威耶寡人力耶風胡子對曰劍之威也因大王之神楚王曰夫劍鐵耳固能有精神若此乎風胡子對曰時各有使然軒轅神農赫胥之時以石爲

兵斷樹木爲宫室死而龍臧夫神聖主使然至黄帝之時以玉爲兵以伐樹木爲宫室鑿地夫玉亦神物也又遇聖主使然死而龍臧禹穴之時以銅爲兵以鑿伊闕通龍門決江導河東注於東海天下通平治爲宫室豈非聖王之力哉當此之時作鐵兵威服三軍天下聞之莫敢不服此亦鐵兵之神大王有聖德楚王曰寡人聞命矣

越絶卷第十一

越絕卷第十二

越絕內經九術第十四

昔者越王句踐問大夫種曰吾欲伐吳柰何能有功乎大夫種對曰伐吳有九術王曰何謂九術對曰一曰尊天地事鬼神二曰重財幣（一作帛）以遺其君三曰貴糴粟槀以空其邦四曰遺之好美以爲勞其志五曰遺之巧匠使起宮室高臺盡其財疲其力六曰遺其諛臣使之易伐七曰彊其諫

臣使之自殺八曰邦家富而備器九曰堅
厲甲兵以承其獘故曰九者勿患戒口勿
傳以取天下不難況於吴乎越王曰善於
是作爲策楯嬰以白璧鏤以黄金類龍蛇
而行者乃使大夫種獻之於吴曰東海役
臣孤句踐使者臣種敢修下吏問於左右
賴有天下之力竊爲小殿有餘財載拜獻
之大王吴王大悦申胥諫曰不可王勿受
昔桀起靈門紂起鹿臺陰陽不和五穀不

吳世家集解引越絕書曰闔廬起姑蘇臺三年聚材五年乃成高見三百里索隱姑蘇臺名在吳縣西三十里

時天與之災邦家空虛遂以之亡大王受之是後必有災吳王不聽遂受之而起姑胥臺三年聚材五年乃成高見二百里行路之人道死尸哭越乃飾美女西施鄭旦使大夫種獻之於吳王曰昔者越王句踐竊有天之遺西施鄭旦越邦洿下貧窮不敢當使下臣種載拜獻之大王吳王大悅申胥諫曰不可王勿受臣聞五色令人目不明五音令人耳不聰桀易湯而滅紂易

臣使之自殺八曰邦家富而備器九曰堅
厲甲兵以承其弊故曰九者勿患戒口勿
傳以取天下不難況於吴乎越王曰善於
是作爲策楯嬰以白璧鏤以黄金類龍蛇
而行者乃使大夫種獻之於吴曰東海役
臣孤句踐使者臣種敢修下吏問於左右
賴有天下之力竊爲小殿有餘財載拜獻
之大王吴王大悦申胥諫曰不可王勿受
昔桀起靈門紂起鹿臺陰陽不和五穀不

時天與之災邦家空虛遂以之亡大王受之是後必有災吴王不聽遂受之而起姑胥臺三年聚材五年乃成高見二百里行路之人道死尸哭越乃飾美女西施鄭旦使大夫種獻之於吴王曰昔者越王句踐竊有天之遺西施鄭旦越邦洿下貧窮不敢當使下臣種載拜獻之大王吴王大悦申胥諫曰不可王勿受臣聞五色令人目不明五音令人耳不聰桀易湯而滅紂易

周文而亡大王受之後必有殃胥聞越王句踐晝書不倦晦誦竟旦聚死臣數萬是人不死必得其願胥聞越王句踐服誠行仁聽諫進賢士是人不死必得其名胥聞越王句踐冬披毛裘夏披絺綌是人不死必爲利害胥聞賢士邦之寶也美女邦之咎也夏亡於末喜殷亡於妲己周亡於褒姒吴王不聽遂受其女以申胥爲不忠而殺之越乃興師伐吴大敗之於秦餘杭山

滅吳禽夫差而戮太宰嚭與其妻子

越絕外傳記軍氣第十五

夫聖人行兵上與天合德下與地合明中與人合心義合乃動見可乃取小人則不然以彊厭弱取利於危不知逆順快心於非故聖人獨知氣變之情以明勝負之道凡氣有五色青黃赤白黑色因有五變人氣變軍上有氣五色相連與天相抵此天應不可攻攻之無後其氣盛者攻之不勝

軍上有赤色氣者徑抵天軍有應於天攻者其誅乃身軍上有青氣盛明從[illegible]其本廣末銳而來者此逆兵氣也爲未可攻衰去乃可攻青氣在上其謀未定青氣在右將弱兵多青氣在後將勇穀少先大後小青氣在左將少卒多兵少軍罷青氣在前將暴其軍必來赤氣在軍上將謀未定其氣本廣末銳而來者爲逆兵氣衰去乃可攻赤氣在右將軍勇而兵少卒彊必以殺

降赤氣在後將弱卒彊敵少攻之殺將其軍可降赤氣在右將勇敵多兵卒彊赤氣在前將勇兵少穀多卒少謀不來黃氣在軍上將謀未定其本廣末鋭而來者爲逆兵氣衰去乃可攻黃氣在右將智而明兵多卒彊穀足而不可降黃氣在後將智而勇卒彊兵少穀少黃氣在左將弱卒少兵少穀亡攻之必傷黃氣在前將勇智卒多彊穀足而有多爲一作焉不可攻也白氣在

軍上將賢智而明卒威勇而彊其氣本廣末銳而來者爲逆兵氣衰去乃可攻白氣在右將勇而卒彊兵多穀亡白氣在後將仁而明卒少兵多穀少軍傷白氣在左將勇而彊卒多穀少可降白氣在前將弱卒亡穀少攻之可降黑氣在軍上將謀未定其氣本廣末銳而來者爲逆兵去乃可攻黑氣在右將弱卒少兵亡穀盡軍傷可不攻自降黑氣在後將勇卒彊兵少穀亡攻

之殺將軍亡黑氣在左將智而勇卒少兵少攻之殺將其軍自降黑氣在前將智而明卒少殺盡可不攻自降故明將知氣變之形氣在軍上其謀未定其在右而低者欲爲右伏兵之謀其氣在前而低者欲爲前伏陣也其氣在後而低者欲爲走兵陣也其氣陽者欲爲去兵其氣在左而低者欲爲左陣其氣間其軍欲有入邑右子胥相氣取敵大數其法如是軍無氣筭於廟

堂以知彊弱一五九西向吉東向敗亡無東二六十南向吉北向敗亡無北三七十一東向吉西向敗亡無西四八十二北向吉南向敗亡無南此其用兵日月數吉凶所避也舉兵無擊太歲上物卯也始出各利以其四時制日是之謂也

韓故治今京兆郡角亢也

鄭故治角亢也

燕故治今上漁陽右北平遼東莫郡尾箕

也
越故治今大越山陰南斗也
吴故治西江都牛須女也
齊故治臨菑今濟北平原北海郡菑川遼
東城陽虚危也
衛故治濮陽今廣陽韓郡營室壁也
魯故治太山東温周固水今魏東奎婁也
梁故治今濟陰山陽濟北東郡畢也
晉故治今代郡常山中山河間廣平郡觜

也

秦故治雍今內史也巴郡漢中隴西

安邑東井也

故治雒今河南郡柳七星張也

楚故治郢今南郡南陽汝南淮陽六安九

江廬江豫章長沙翼軫也

趙故治邯鄲今遼東隴西北地上郡鴈門

北郡清河參也

越絕卷第十二

越絕卷第十三

越絕外傳枕中第十六

昔者越王句踐問范子曰古之賢主聖王之治何左何右何去何取范子對曰臣聞聖主之治左道右術去末取實越王曰何謂道何謂術何謂末何謂實范子對曰道者天地先生不知老曲成萬物不名巧故謂之道道生氣氣生陰陰生陽陽生天地天地立然後有寒暑燥濕日月星辰四時

而萬物備術者天意也盛夏之時萬物遂長聖人緣天心助天喜樂萬物之長故舜彈五絃之琴歌南風之詩而天下治言其樂與天下同也當是之時頌聲作所謂末者名也故名過實則百姓不附親賢士不爲用而外[illegible]諸侯聖主不爲也所謂實者穀[illegible]也得人心任賢士也凡此四者邦之寶也越王曰寡人躬行節儉下士求賢不使名過實此寡人所能行也多貯穀富百

姓此乃天時水旱寧在一人耶何以備之范子曰百里之神千里之君湯執其中和舉伊尹收天下雄雋之士練卒兵率諸侯兵伐桀爲天下除殘去賊萬民皆歌而歸之是所謂執其中和者越王曰善哉中和所致也寡人雖不及賢主聖王欲執其中和而行之今諸侯之地或多或少彊弱不相當兵革暴起何以應之范子曰知保人之身者可以王天下不知保人之身失天

下者也越王曰何謂保人之身范子曰天
生萬物而教之而生人得穀即不死穀能
生人能殺人故謂人身越王曰善哉今寡
人欲保穀爲之柰何范子曰欲保必親於
野觀諸所多少爲備越王曰所少可得爲
因其貴賤亦有應乎范子曰夫八穀貴賤
之法必察天之三表即決矣越王曰請問
三表范子曰水之勢勝金陰氣蓄積大盛
水據金而死故金中有水如此者歲大敗

八穀皆貴金之勢勝木陽氣蓄積大盛金據木而死故木中有火如此者歲大美八穀皆賤金木水火更相勝此天之三表者也不可不察能知三表可爲邦寶不知三表之君千里之神萬里之君故天下之君發號施令必順於四時四時不正則陰陽不調寒暑失常如此則歲惡五穀不登聖主施令必審於四時此至禁也越王曰此寡人所能行也願欲知圖穀上下貴賤欲

與他貨之內以自實爲之柰何范子曰夫八穀之賤也如宿穀之登其明也諦審察陰陽消息觀市之反覆雌雄之相逐天道乃畢越王問范子曰何執而昌何行而亡范子曰執其中則昌行奢侈則亡越王曰寡人欲聞其說范子曰臣聞古之賢主聖君執中和而原其終始即位安而萬物定矣不執其中和不原其終始即尊位傾萬物散文武之業桀紂之跡可知矣古者天

子及至諸侯自滅至亡漸漬乎滋味之費沒溺於聲色之類牽攣於珍怪貴重之器故其邦空虛困其士民以爲須臾之樂百姓皆有悲心瓦解而倍畔者桀紂是也身死邦亡爲天下笑此謂行奢侈而亡也湯有七十里地務執三表可謂邦寶不知三表身死棄道越王問范子曰春肅夏寒秋榮冬泄人治使然乎將道也范子曰天道三千五百歲一治一亂終而復始如環之

無端此天之常道也四時易次寒暑失常治民然也故天生萬物之時聖人命之曰春春不生遂者故天不重爲春春者夏之父也故春生之夏長之秋成而殺之冬受而藏之春肅而不生者王德不究也夏寒而不長者臣下不奉主命也秋順而復榮者百官刑不斷也冬溫而泄者發府庫賞無功也此所謂四時者邦之禁也越王曰寒暑不時治在於人可知也願聞歲之美

惡穀之貴賤何以紀之范子曰夫陰陽錯繆即爲惡歲人生失治即爲亂世夫一亂一治天道自然八穀亦一賤一貴極而復反言亂三千歲必有聖王也八穀貴賤更相勝故死夌生者逆大貴生夌死者順大賤越王曰善越王問於范子曰寡人聞人失其魂魄者死得其魂魄者生物皆有之將人也范子曰人有之萬物亦然天地之間人最爲貴物之生穀爲貴以生人與魂

魄無異可得豫知也越王曰其善惡可得聞乎范子曰欲知八穀之貴賤上下衰極必察其魂魄視其動靜觀其所舍萬不失一問曰何謂魂魄對曰魂者橐也魄者生氣之源也故神生者出入無門上下無根見所而功自存故名之曰神神主生氣之精魂主死氣之舍也魄者主賤魂者主貴故當安靜而不動魂者方盛夏而行故萬物得以自昌神者主氣之精主貴而雲行

故不盛夏之時不行即神氣[illegible]而不成物矣故死凌生者歲大敗生凌死者歲大美故觀其魂魄即知歲之善惡矣越王問於范子曰寡人聞陰陽之治不同力而功成不同氣而物生可得而知乎願聞其説范子曰臣聞陰陽氣不同處萬物生焉冬三月之時草木既死萬物各異藏故陽氣避之下藏伏壯於内使陰陽得成功於外夏三月盛暑之時萬物遂長陰氣避之下藏

伏壯於内然而萬物親而信之是所謂也陽者主生萬物方夏三月之時大熱不至則萬物不能成陰氣主殺方冬三月之時地不内藏則根荄不成即春無生故一時失度即四序爲不行越王曰善寡人已聞陰陽之事穀之貴賤可得而知乎范子曰陽者主貴陰者主賤故當寒而不寒者穀爲之暴貴當温而不温者穀爲之暴賤譬猶形影聲響相聞豈得不復哉故曰秋冬

貴陽氣施於陰陽極而復貴春夏賤陰氣
施於陽陽極而不復越王曰善哉以丹書
[illegible]帛置之枕中以爲國寶越五日困於吳
請於范子曰寡人守國無術負於萬物幾
亡邦危社稷爲旁邦所議無定足而立欲
捐軀出死以報吳仇爲之柰何范子曰臣
聞聖主爲不可爲之行不惡人之謗已爲
足舉之德不德人之稱已舜循之歷山而
天下從風使舜釋其所循而求天下之利

則恐不全其身昔者神農之治天下務利之而已矣不望其報不貪天下之財而天下共富之所以其智能自貴於人而天下共尊之故曰富貴者天下所置不可奪也今王利地貪財接兵血刃僵尸流血欲以顯於世不亦謬乎越王曰上不逮於神農下不及於堯舜今子以至聖之道以説寡人誠非吾所及也且吾聞之也父辱則子死君辱則臣死今寡人親已辱於吴矣欲

行一切之變以復吳仇願子更爲寡人圖之范子曰君辱則死固其義也立死下士人而求成邦者上聖之計也且夫廣天下尊萬乘之主使百姓安其居樂其業者唯兵兵之要在於人人之要在於穀故民衆則主安穀多則兵彊王而備此二者然後可以圖之也越王曰吾欲富邦彊兵地狹民少柰何爲之范子曰夫陽動於上以成天文陰動於下以成地理審察開置之要

可以爲富凡欲先知天門開及地戶閉其術天高五寸減天寸六分以成地謹司八穀初見出於天者是謂天門開地戶閉陽氣不得下入地戶故氣轉動而上下陰陽俱絶八穀不成大貴必應其歲而趣此天變見符也謹司八穀初見入於地者是謂地戶閉陰陽俱會八穀大成其歲大賤來年大饑此地變見瑞也謹司八穀初見半於人者糴平熟無災害故天倡而見符地

應而見瑞聖人上知天下知地中知人此之謂天平地平以此爲天圖越王既已勝吳三日反邦未至息自雄問大夫種曰夫聖人之術何以加於此乎大夫種曰不然王德范子之所言故天地之符應邦以藏聖人之心矣然而范子豫見之策未肎爲王言者也越王愀然而恐面有憂色請於范子稱曰寡人用夫子之計幸得勝吳盡夫子之力也寡人聞夫子明於陰陽進退

豫知未形推往引前後知千歲可得聞乎寡人虛心垂意聽於下風范子曰夫陰陽進退前後幽冥未見未形此持殺生之柄而王制於四海此邦之重寶也王而毋泄此事臣請爲王言之越王曰夫子幸教寡人願與之自藏至死不敢忘范子曰陰陽進退者固天道自然不足怪也夫陰入淺者即歲善陽入深者則歲惡幽幽冥冥豫知未形故聖人見物不疑是謂知時固聖

人所不傳也夫堯舜禹湯皆有豫見之勞
雖有凶年而民不窮越王曰善以丹書帛
置之枕中以爲邦寶范子已告越王立志
入海此謂天地之圖也

越絕卷第十三

越絕卷第十四

越絕外傳春申君第十七

昔者楚考烈王相春申君吏李園園女弟女環謂園曰我聞王老無嗣可見我於春申君我欲假於春申君我得見於春申君徑得見於王矣園曰春申君貴人也千里之佐吾何託敢言女環曰即不見我汝求謁於春申君才人告遠道客請歸待之彼必問汝汝家何等遠道客者因對曰園有

女弟魯相聞之使使者來求之園才人使告園者彼必有問汝女弟何能對曰能鼓音讀書通一經故彼必見我園曰諾明日辭春申君才人有遠道客請歸待之春申君果問汝家何等遠道客對曰園有女弟魯相聞之使使求之春申君曰何能對曰能鼓音讀書通一經春申君曰可得見乎明日使待於離亭園曰諾既歸告女環曰吾辭於春申君許我明日夕待於離亭女

環曰園宜先供待之春申君到園馳人呼女環到黄昏女環至大縱酒女環鼓琴曲未終春申君大悦留宿明日女環謂春申君曰妾聞王老無嗣屬邦於君君外淫不顧政事使王聞之君上負於王使妾兄下負於夫人爲之柰何無泄此口君召而戒之春申君以告官屬莫有聞淫女也皆曰諾與女環通未終月女環謂春申君曰妾聞王老無嗣今懷君子一月矣可見妾於

王幸產子男君即王公也而何爲佐乎君戒念之五日而道之邦中有好女中相可屬嗣者烈王曰諾即召之烈王悅取之十月產子男十年烈王死幽王嗣立女環使園相春申君相之三年然後告園以吳封春申君使備東邊園曰諾即封春申君於吳幽王後懷王使張儀詐殺之懷王子頃襄王秦始皇帝使王翦滅之

越絶德序外傳記第十八

昔者越王句踐困於會稽歎曰我其不伯乎欲殺妻子角戰以死蠡對曰殆哉王失計也愛其所惡且吳王賢不離不肖不去若卑辭以地讓之天若棄彼[illegible]必許句踐曉焉曰豈然哉遂聽能以勝越王句踐即得平吳春祭三江秋祭五湖因以其時爲之立祠垂之來世傳之萬載鄰邦樂德以來取足范蠡內視若盲反聽若聾度天關涉天機後衽天人前帶神光當是時言之

者■其去甚微甚審王已失之矣然終難復見得於是度兵徐州致貢周室元王以之中興號爲州伯以爲專句踐之功非王室之力是時越行伯道沛歸於宋浮陵以付楚臨期開陽復之於魯中邦侵伐因斯衰止以其誠■於內威發於外越專其功故曰越絕是也故傳曰桓公迫於外子能以覺悟句踐報於會稽能因以伯堯舜雖聖不能任狼致治管仲能知人桓公能任

賢蠡善慮患句踐能行焉臣主若斯其不伯得乎易曰君臣同心其利斷金此之謂也

吳越之事煩而文不喻聖人略焉賢者垂意深省厥辭觀斯智愚夫差狂惑賊殺子胥句踐至賢種曷爲誅范蠡恐懼逃于五湖蓋有說乎夫吳知子胥賢猶昏然誅之傳曰人之將死惡聞酒肉之味邦之將亡惡聞忠臣之氣身死不爲醫邦亡不爲謀

還自遺災盖本土水火不同氣居此之謂也

種立休功其後厥過自伐句踐知其仁也不知其信見種爲吳通越稱君子不危窮不滅服以忠告句踐作之見乎顏色范蠡因心知意策問其事卜省其辭吉耶凶耶

黽言其災夫子見利與害去于五湖盖謂知其道貴微而賤獲易曰知幾其神乎道以不害爲左傳曰知始無終厥道必窮此

之謂也

子胥賜劒將自殺歎曰嗟乎衆曲矯直一人固不能獨立吾挾弓矢以逸鄭楚之間自以爲可復吾見凌之仇乃先王之功想得報焉自致於此吾先得榮後僇者非智衰也先遇明後遭險君之易移也已矣坐不遇時復何言哉此吾命也亡將安之莫如早死從吾先王于地下蓋吾之志也吳王將殺子胥使馮同徵之胥見馮同知爲

吳王來也洩言曰王不親輔弼之臣而親衆豕之言是吾命短也高置吾頭必見越人入吳也我王親爲禽哉捐我深江則亦已矣胥死之後吳王聞以爲妖言甚咎子胥王使人捐於大江口勇士執之乃有遺響發憤馳騰氣若奔馬威[illegible]萬物歸神大海彷彿之間音兆常在后世稱述蓋子胥水僊也

子胥挾弓去楚唯夫子獨知其道事[illegible]世

有退至今實之實秘文之事深述厥兆徵爲其戒齊人歸女其後亦重各受一篇文辭不既經傳外章輔發其類故聖人見微知著覩始知終由此觀之夫子不王可知也恭承嘉惠述暢往事夫子作經攬史記憤懣不泄兼道事後覽承傳說厥意以爲周道不敝春秋不作蓋夫子作春秋記元於魯大義立微言屬五經六藝爲之檢式垂意於越以觀枉直陳其本末抽其統

紀章決句斷各有終始吳越之際夫差奬美是之謂也故觀乎太伯能知聖賢之分觀乎荆平能知信勇之變觀乎吳越能知陰謀之慮觀乎計倪能知陰陽消息之度觀乎請糴能知■人之使敵邦賢不肖觀乎九術能知取人之真轉禍之福觀乎兵法能知却敵之路觀乎陳恒能知古今相取之術觀乎德敘能知忠直所死狂懷通拙經百八章上下相明齊桓興盛執操以

同管仲達于霸紀范蠡審乎吉凶終始夫差不能■邦之治察乎馮同宰嚭能知諂臣之所移哀彼離德信不用内痛子胥忠諫邪君反受其咎夫差誅子胥自此始亡之謂也

越絕卷第十四

越絕卷第十五

越絕篇敘外傳記第十九

維先古九頭之世蒙水之際興敗有數承三繼五故曰衆者傳目多者信德自此之時天下大服三皇以後以一治人至於三王爭心生兵革越作肉刑五胥因悉挾方氣歷天漢孔子感精知後有彊秦喪其世漢興也賜權齊晉越入吳孔子推類知後有蘇秦也權衡相動衡五相發道獲麟

周盡證也故作春秋以繼周也此時天地
纍清日月一明弟子欣然相與太平孔子
懷聖承弊無尺土所有一民所子睹麟垂
涕傷民不得其所非聖人孰能痛世若此
萬代不滅無能復述故聖人沒而微言絶
賜見春秋改文尚質譏二名興素王亦發
憤記吴越章句其篇以喻後賢賜之說也
魯安吴吴敗晉彊越霸世春秋二百餘年
垂象後王賜傳吴越□指於秦聖人發一

隅辯士宣其辭聖文絶於彼辯士絶於此故題其文謂之越絶

問曰越絶始於太伯終於陳恒何論語曰雖小道必有可觀者焉乃太伯審於始知去上賢太伯特不恨讓之至也始於太伯仁賢明大吳也仁能生勇故次以荊平也勇子胥忠正信智以明也智能生詐故次以吳人也善其務救蔡勇其伐荊其范蠡行爲持危救傾也莫如循道順天富邦安

民故次計倪富邦安民故於自守易以取
故次請糴也一其愚故乖其政也
問曰請粟者求其福祿必可獲故次以九
術順天心終和親即知其情策於廊廟以
知彊弱時至伐必可克故次兵法兵凶器
也動作不當天與其殃知此上事乃可用
兵易之卜將春秋無將子謀父臣殺主天
地所不容載惡之甚深故終於陳恒也易
之卜將春秋無將今荊平何善乎君無道

臣仇王以次太伯何曰非善荆平也乃勇子胥也臣不討賊子不復仇非臣子也故賢其冤於無道之楚困不死也善其以匹夫得一邦之衆並義復仇傾諸侯也非義不爲非義不死也

問曰子胥妻楚王母無罪而死於吴其行如是何義乎曰孔子固貶之矣賢其復仇惡其妻楚王母也然春秋之義量功掩過也■之親親也子胥與吴何親乎曰子胥

以困于闔廬闔廬勇之甚將爲復仇名譽甚著詩云投我以桃報之以李夫差下愚不移終不可柰何言不用策不從昭然知吳將亡也受闔廬厚恩不忍去而自存欲著其諫之功也故先吳敗而殺也死人且不負而況面在乎昔者管仲生伯業與子胥死伯名成周公貴一槩不求備於一人及外篇各有差敘師不說

問曰子胥未賢耳賢者所過化子胥賜劒

欲無死得乎盲者不可示以文繡聾者不可語以調聲瞽聵不移商均不化湯繫夏臺文王拘於殷時人謂舜不孝堯不慈聖人不悅下愚而況乎子胥當困於楚劇於吳信不去耳何拘之有孔子貶之柰何其報楚也稱子胥妻楚王母及乎夷狄貶之言吳人也問曰句踐何德也曰伯德賢君也傳曰危人自安君子弗爲奪人自與伯夷不多行僞以勝滅人以伯其賢柰何曰

是固伯道也祺道厭駮一善一惡當時無
天子彊者爲右使句踐無權滅邦久矣子
胥信而得衆道范蠡善僞以勝當明王天
下太平諸侯和親四夷樂德款塞貢珍屈
膝請臣子胥何由乃困於楚范蠡不久乃
爲狂者句踐何當屬莝養馬遭逢變亂權
以自存不亦賢乎行伯非賢晉文之能因
時順宜隨而可之故空社易爲福危民易
爲德是之謂也

問曰子胥范蠡何人也子胥勇而智正而信范蠡智而明皆賢人問曰子胥死范蠡去二人行違皆稱賢何論語曰陳力就列不能者止事君以道言耳范蠡單身入越主於伯有所不合故去也問曰不合何不死曰去止事君之義也義無死胥死者受恩深也今蠡猶重也不明甚矣問曰受恩死死之善也臣事君猶妻事夫何以去論語曰三日不朝孔子行行者去也傳曰孔

子去魯燔俎無肉曾子去妻藜蒸不熟微子去比干死孔子并稱仁行雖有異其義同一死與生敗與成其同柰何論語曰有殺身以成仁子胥重其信范蠡貴其義信從中出義從外出微子去者痛殷道也比干一死者忠於紂也箕子亡者正其紀也皆忠信之至相爲表裏耳問曰二子孰愈乎曰以爲同耳然子胥無爲能自免於無道之楚不忘舊功滅身爲主合即能以霸不合

可去則去，可死則死范蠡遭世不明被髮佯狂無正不行無主不止色斯而舉不害於道億則屢中貨財殖聚作詐成伯不合乃去三遷避位名聞海内去越入齊老身西陶仲子由楚傷中而死二子行有始終子胥可謂兼人乎問曰子胥伐楚宮射其子不殺何也弗及耳楚世子奔逃雲夢之山子胥兵笞卒主之墓昭王遣大夫申包胥入秦請救干斧漁子進諫子胥子胥適會秦救至因引兵還越見其榮於無道之楚興兵伐吴子胥以不得已迎之就李問曰笞墓何名乎子之復仇臣之討賊至誠感天矯枉過直乳狗哺虎不計禍福大道不誅誅首惡子胥笞墓不究也

維子胥之述吴越也因事類以曉後世著善爲誠譏惡爲誠句踐以來至乎更始之元五[illegible]餘年吴越相復見於今百歲一賢猶爲比肩記陳厥説略其有人以去爲姓

得衣乃成厥名有米覆之以庚禹來東征
死葬其疆不直自斥託類自明寫精露愚
略以事類俟告後人文屬辭定自于邦賢
邦賢以口爲姓丞之以天楚相屈原與之
同名明於古今德配顔淵時莫能與伏竄
自容年加申酉懷道而終友臣不施猶夫
子得麟覽覩厥意嗟歎其文於乎哀哉温
故知新述暢子胥以喻來今經世歷覽論
者不得莫能達焉猶春秋鋭精堯舜垂意

周文配之天地著於五經齊德日月比智陰陽詩之伐柯以巳喻人後生可畏蓋不在年以口爲姓萬事道也丞之以天德高明也屈原同名意相應也百歲一賢賢後生也明於古今知[illegible]也德比顏淵不可量也時莫能用籥口鍵精深自誠也猶子得麟丘道窮也姓有去不能容也得衣乃成賢人衣之能章也名有米八政寶也覆以庫兵絕之也於乎哀哉莫肎與也屈原

[illegible]界放於南楚自沅湘水蠡所有也

越絶卷第十五終

越絶復仇之書也子胥夫差以父之
仇句踐以身之仇而皆非其道焉夫
君天也君有臣而君殺之尚可仇乎
故子胥鞭平王之墓爲不義闔廬之
死夫差使人謂巳曰而忘越王之殺

而父乎則對曰不敢忘三年乃報越故夫椒之敗釋越而不誅爲不孝會稽之棲苦身焦思嘗膽而食卒以滅吳不知越實得罪於吳而吳之赦已也故其郤公孫雄之請爲不仁春秋書子胥之事曰吳入郢狄吳而諱楚也於夫椒之戰則不書蓋不足乎書也於黃池之會書於越入吳狄越而咎吳也春秋之末復仇之事莫大於

斯三者越絕實備之有國有家者可以鑒觀焉

隋經籍志越絕紀十六卷崇文總目則十五卷注司馬遷史記者屢引以爲據予紹熙壬子遊吳中得許氏本訛舛特甚嘉定壬申令餘杭又得陳正卿本乙亥官中都借本祕閣以三本互相參攷擇其通者從之乃麤可

讀然猶未也念前所見者皆謄寫失
眞不板行則其傳不廣傳不廣則各
私其所藏莫克是正遂刻之夔門以
俟來者庚辰七月望日東徐丁黼書

越絕書苦無善本近得丁文伯以蜀
中所刊者見示參攷讎爲可讀因刊
置郡齋以補越中之闕云嘉定甲申
八月旦日新安汪綱書

是書宋嘉定庚辰嘗刻於蘷門後四年知紹興府汪綱仲舉再以蜀本刻置郡齋歷世既遠皆不復見予家舊藏錄本頗爲完善吉水劉君以名進士來知吴縣謂是書之古而吴中罕傳遂割俸刻之君名恒字以貞覩此可以知其政矣正德己巳三月甲辰

南京兵部主事吴人都穆記

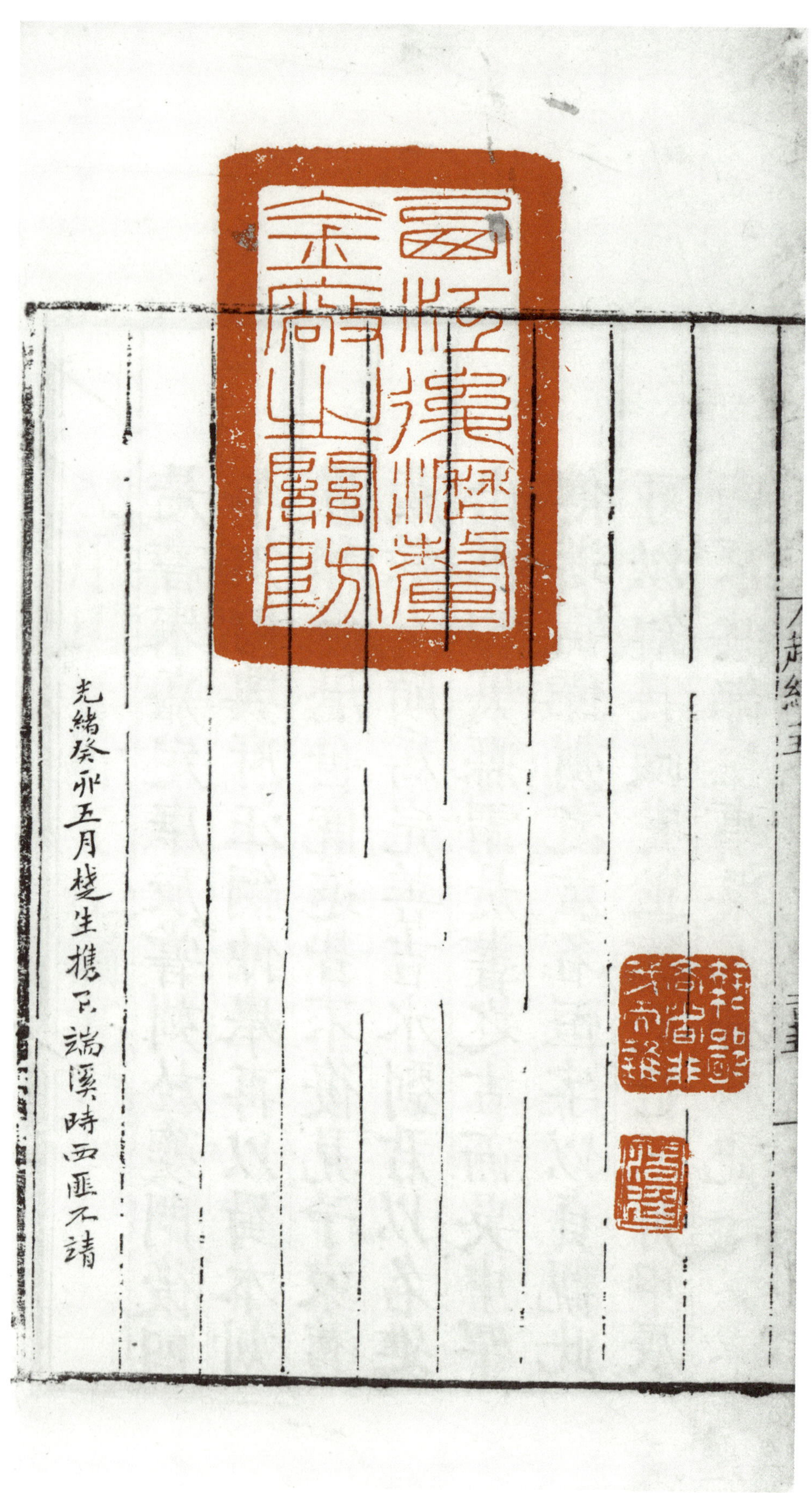
光緒癸卯五月楚生樵下端溪時西匪不靖